汽车维修专业技能人才培养工学一体化课程教材

汽车底盘检修

张 薇 李 轶 / 主 编
罗雪虎 曾 敏 李一丁 / 副主编
肖应刚 / 主 审

人民交通出版社

北 京

内 容 提 要

本书是汽车维修专业技能人才培养工学一体化课程教材之一。其主要内容包括汽车传动异响故障检修、汽车转向沉重故障检修、汽车制动无力故障检修、汽车行驶跑偏故障检修。

本书可作为技工院校汽车维修专业教材，也可作为中、高职汽车维修专业教材，还可供汽车维修人员及相关技术人员参考使用。

本书配套数字资源，读者可免费扫码观看和在线学习；同时配有教学课件，教师可通过加入汽车技工教学研讨群(QQ:428147406)获取。

图书在版编目(CIP)数据

汽车底盘检修/张薇,李轶主编. —北京:人民交通出版社股份有限公司,2025.4. —ISBN 978-7-114-19977-6

Ⅰ. U472.41

中国国家版本馆 CIP 数据核字第 2025J3G676 号

书　　名：	汽车底盘检修
著 作 者：	张　薇　李　轶
责任编辑：	李佳蔚
责任校对：	龙　雪
责任印制：	张　凯
出版发行：	人民交通出版社
地　　址：	(100011)北京市朝阳区安定门外外馆斜街 3 号
网　　址：	http://www.ccpcl.com.cn
销售电话：	(010)85285911
总 经 销：	人民交通出版社发行部
经　　销：	各地新华书店
印　　刷：	北京市密东印刷有限公司
开　　本：	787×1092　1/16
印　　张：	15.75
字　　数：	325 千
版　　次：	2025 年 4 月　第 1 版
印　　次：	2025 年 4 月　第 1 次印刷
书　　号：	ISBN 978-7-114-19977-6
定　　价：	48.00 元

(有印刷、装订质量问题的图书，由本社负责调换)

编审委员会名单

主任委员 文爱民

副主任委员 戴良鸿 沐俊杰 魏垂浩

委　　员 (按照姓氏笔画排序)

广禹春　王玉彪　王　杰　王　瑜　王　雷
毛红孙　朱建勇　刘　卯　刘　宇　刘轩帆
刘　健　刘爱志　刘海峰　汤　彬　许云珍
杨雪茹　李长灏　李永富　李学友　李　轶
肖应刚　吴　飞　张　薇　陈志强　陈李军
陈金伟　陈新权　孟　磊　郝庆民　姚秀驰
夏宝山　晏和坤　高窦平　郭志勇　郭　锐
郭碧宝　唐启贵　黄　华　黄辉镀　彭红梅
彭钰超　解国林　樊永强　樊海林

前言
Preface

为进一步贯彻落实《关于深化技工院校改革 大力发展技工教育的意见》和《技工教育"十四五"规划》《推进技工院校工学一体化技能人才培养模式实施方案》等文件精神，对接汽车产业发展新趋势，满足汽车领域高质量发展对高素质技术技能人才的需求，人民交通出版社特组织江苏汽车技师学院、广西交通技师学院、贵州交通技师学院、杭州技师学院、浙江交通技师学院、江苏省交通技师学院、广西工业技师学院、北京汽车技师学院、日照技师学院等20余所院校，共同编写了技工院校汽车维修专业技能人才培养工学一体化课程教材。

工学一体化培养模式是依据国家职业技能标准及技能人才培养标准，以综合职业能力培养为目标，将工作过程和学习过程融为一体，培育德技并修、技艺精湛的技能劳动者和能工巧匠的人才培养方式。本套教材秉承上述理念，落实《技工院校教材管理工作实施细则》，遵循知识和技能并重的改革方向，根据技工教育的特点以及技工院校学生的学习情况进行编写，具有以下特点：

(1)教材编写依据人社部最新发布的《汽车维修专业 国家技能人才培养工学一体化课程标准》，贯彻以学生为中心、以能力为本位的教学理念，构建难度适当的理论知识体系，以学生的实操内容及职业素养培养为核心，围绕典型学习任务设计教材任务、活动，突出知识的实用性、综合性和先进性。教材按照四步法"明确任务、工作准备与计划制订、计划实施、评价反馈"编写而成，充分实现思想政治教育、知识传授、技能培养融合统一，持续推动技工院校内涵发展和特色发展。

(2)在教材编写过程中，充分吸纳行业、企业专家，深入了解目前行业、企业对本专业人才的实际需求，由相关企业提供部分配套的教学资源和技术支持，行业企业人员真正深度参与教材编写与开发。进一步提高技能人才培养质量，帮助学生从学校学习到就业工作紧密衔接。

(3)部分教材配备了丰富的教学资源(纸数融合)，教材的知识点以二维码方式链接动画、视频资源，所有教材配有课件、习题及答案等，满足学生个性化学习的需求，提升教材使用体验感。

(4)在教材中融入了丰富的课程思政元素及党的二十大精神内容,增强民族自信,体现"培根铸魂,启智润心"的教育目标,实现思想政治教育与技术技能培养的有机结合。

本书是汽车维修专业技能人才培养工学一体化课程教材之一,主要选取大众速腾2022 款、奇瑞艾瑞泽 5 2024 款、奔驰 C200 等车型作为实训任务车型,并结合其他品牌的汽车讲解汽车底盘各系统结构及拆装、检修方法。本书注重对知识的实际应用和对学生职业技能的训练,反映目前汽车的新知识、新技术、新工艺。本书以"四步法"为教学形式编写相关内容,配以相应的数字化资源。

本书由北京汽车技师学院张薇、李轶担任主编;北京汽车技师学院罗雪虎、曾敏,吉林科技职业技术学院李一丁担任副主编;参编人员有长城汽车股份有限公司崔书超,韩韩文博(北京)科技有限公司李嘉军,北京汽车技师学院温艳、蒙杰,北京市商业学校伊冲。其中,学习任务一由张薇、罗雪虎、曾敏、李一丁、崔书超、李嘉军共同编写;学习任务二由李轶、罗雪虎、曾敏、李嘉军、温燕、蒙杰共同编写;学习任务三由张薇、李一丁、伊冲、温艳共同编写;学习任务四由张薇、李轶、罗雪虎、曾敏、李一丁共同编写。张薇、李轶对全书进行了统稿。李嘉军负责全书配套的图片及视频处理。

限于编者水平,书中难免有疏漏和错误之处,恳请广大读者提出宝贵建议,以便进一步修改和完善。

编 者
2024 年 10 月

目录 Contents

学习任务一　汽车传动异响故障检修 …………………………………… 1
　学习活动1　离合器的检查与更换 ………………………………………… 1
　学习活动2　手动变速器的检查与更换 …………………………………… 14
　学习活动3　自动变速器的检查与更换 …………………………………… 31
　学习活动4　万向传动装置的检查与更换 ………………………………… 51
　学习活动5　驱动桥的检查与更换 ………………………………………… 61
　任务习题 …………………………………………………………………… 79

学习任务二　汽车转向沉重故障检修 …………………………………… 81
　学习活动1　机械转向系统的检查与更换 ………………………………… 81
　学习活动2　动力转向系统的检查与更换 ………………………………… 95
　学习活动3　电控式动力转向系统的检查与更换 ………………………… 111
　任务习题 …………………………………………………………………… 117

学习任务三　汽车制动无力故障检修 …………………………………… 119
　学习活动1　制动器的检查与更换 ………………………………………… 119
　学习活动2　行车制动系统的检查与更换 ………………………………… 134
　学习活动3　驻车制动系统的检查与更换 ………………………………… 146
　学习活动4　防抱死制动系统(ABS)的检查与更换 ……………………… 163
　任务习题 …………………………………………………………………… 173

学习任务四　汽车行驶跑偏故障检修 …………………………………… 175
　学习活动1　车架和车桥的检查与修复 …………………………………… 176
　学习活动2　车轮和轮胎的检查与更换 …………………………………… 187
　学习活动3　悬架的检查与更换 …………………………………………… 207
　学习活动4　四轮定位的检查与调整 ……………………………………… 224
　任务习题 …………………………………………………………………… 238

附录　本教材配套数字资源列表 ………………………………………… 240

参考文献 …………………………………………………………………… 242

学习任务一

汽车传动异响故障检修

学习目标

1. 知识目标

(1) 能描述传动系统的类型、组成、功用以及布置形式。
(2) 能掌握传动系统各总成的功用及结构特点。
(3) 能分析传动系统各总成的工作原理。

2. 技能目标

(1) 能准确规范地对传动系统各总成进行检修。
(2) 能判别传动系统各总成的常见故障。
(3) 能通过阅读维修工单,明确任务要求,查阅维修手册,确定作业方案;然后在规定工期内完成传动系统故障点的确认。

3. 素养目标

(1) 培养爱党报国、敬业奉献、服务人民的意识。
(2) 培养良好的工作习惯,展示中国工匠可信、可爱、可敬的形象。
(3) 培养精益求精的工匠精神,树立正确的质量强国意识和交通强国意识。

参考学时

60 学时。

任务描述

一辆汽车进厂维修,客户反映汽车在行驶中异常振动,且随着车速的提升,振动增强。经班组长判断为传动系统故障,需要进行检修。

学习活动 1　离合器的检查与更换

一、明确任务

根据任务描述,学生领取汽车维修任务后,通过阅读维修工单,明确任务要求,查

阅维修手册,确定作业方案;然后在规定工期内对离合器进行检查与更换,使其恢复正常使用性能。

二、工作准备与计划制订

(一)知识准备

1. 离合器的功用

保证汽车平稳起步,便于手动变速器平顺换挡,防止传动系统过载。

2. 离合器的性能要求

(1)能可靠地传递发动机的最大转矩,而不打滑。

(2)保证发动机与传动系统接合平顺、柔和。

(3)保证发动机与传动系统分离迅速、彻底。

(4)从动部分的转动惯量要尽可能小,以减少换挡时_____的冲击。

(5)具有良好的热稳定性,保证离合器工作可靠。

(6)操纵轻便、结构简单、维修方便。

3. 离合器的类型

离合器一般分为三种类型:_____、液力偶合式、电磁式。

4. 摩擦式离合器的组成

摩擦式离合器由主动部分、_____、压紧装置、分离机构和操纵机构五部分组成,如图1-1所示。主动部分包括飞轮、离合器盖和_____,从动部分包括从动盘和输出轴,压紧装置包括_____,分离机构包括分离叉、_____、分离套筒(未画出)、分离杠杆等,操纵机构包括_____、分离拉杆(未画出)和复位弹簧(未画出)等。

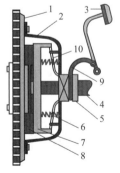

图1-1 摩擦式离合器

1-飞轮;2-离合器盖;3-制动踏板;4-输出轴;5-分离轴承;
6-压紧弹簧;7-压盘;8-从动盘;9-分离叉;10-分离杠杆

膜片弹簧离合器构造

5. 离合器的工作状态及工作原理

(1)离合器接合。

当发动机工作时，_____带动离合器主动部分的压盘、离合器盖一起旋转。由于压紧弹簧的作用,压盘和从动盘被紧压在飞轮上,从而从动盘接合面与飞轮、压盘间产生摩擦力矩,并通过从动盘带动变速器第一轴一起旋转,发动机的动力便传给了_____。当从动盘与飞轮、压盘间的摩擦力矩大于发动机的输出转矩时,从动盘与飞轮等速转动,转矩正常输出;反之,从动盘与飞轮间产生滑转,如图1-2a)所示。

(2)离合器分离。

当驾驶员踩下制动踏板时,联动件使分离_____前移压在分离杠杆上,压盘产生一个向后的拉力,当拉力大于压紧弹簧的弹力时,_____与飞轮、压盘脱离接触,发动机停止向变速器输出动力,如图1-2b)所示。

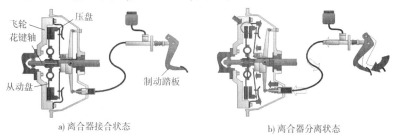

图1-2 离合器接合与分离

(3)汽车起步。

当缓慢放松制动踏板时,联动件作用在压盘上的_____逐渐减小,在压紧弹簧的作用下,从动盘与飞轮、压盘接合程度逐渐增强,其摩擦力矩也逐渐增大,当摩擦力矩大于汽车通过传动系统作用在从动盘上的阻力转矩时,从动盘便与飞轮等速转动,汽车起步。

6. 离合器自由间隙和离合器踏板自由行程

(1)离合器自由间隙是分离杠杆内端与_____之间预留的间隙。

(2)离合器踏板自由行程是为了消除离合器的自由间隙和操纵机构零件的弹性变形所需要的离合器踏板行程。

(二)制订工作方案

1. 任务分工(表1-1)

学生任务分配表　　　表1-1

班级		组号		指导老师	
组长		任务分工			
组员1		任务分工			
组员2		任务分工			

续上表

班级		组号		指导老师	
组员3		任务分工			
组员4		任务分工			
组员5		任务分工			
组员6		任务分工			

2. 工量具、仪器设备与耗材准备

(1)使用的工量具有：_____。

(2)使用的仪器设备有：_____。

(3)使用的耗材有：_____。

3. 具体方案描述

_____
_____
_____
_____

三、计划实施

(一)安全注意事项及技能要点

1. 安全注意事项

(1)不准赤脚或穿拖鞋、高跟鞋和裙子上课,留长发者要戴工作帽。

(2)上课时要集中精神,不准说笑、打闹。

(3)进入汽车实训场地后,未经老师批准,不得动用实训车上的各项设备。

(4)正确使用举升机和工具。

(5)在拆装变速器总成时,应注意检查变速器在变速器托架上的位置是否合适。

(6)变速器前壳体端面比较锋利,应注意安全。

(7)取下离合器压盘及从动盘时,应防止其掉落,造成零部件的损坏或人身伤害。

(8)实习结束后,整理清洁工具并清理场地。

2. 技能要点

(1)按照正确、规范的步骤对离合器进行拆卸与安装。

(2)正确选择工量具对离合器各部件进行拆装与检测。

(3)正确、规范地对离合器踏板进行检测与调整。

(4)按照"8S"管理法进行实习操作。

(二)离合器的检查与更换

1. 离合器的拆卸与安装(表 1-2)

离合器的拆卸与安装操作方法及说明　　　　　　　　表 1-2

步骤	操作方法及说明	质量标准及记录
1.拆卸离合器	拆卸分离轴承、从动盘和压盘。 (1)从变速器壳体的分离叉上取下分离轴承。 (2)将导向专用工具插入离合器从动盘毂花键孔和曲轴尾端孔中。 (3)拧下离合器盖上的6个压紧螺栓。 (4)取下离合器压盘、从动盘	□拆卸离合器盖组件前,在离合器盖与飞轮上做好对位记号 □正确使用导向专用工具 □拧松压紧螺栓时,要按照"对角多遍"的要求进行

续上表

步骤	操作方法及说明	质量标准及记录
2. 安装离合器	(1)安装分离轴承。 ①用抹布清洁分离叉、变速器壳。 ②在分离轴承座孔内均匀涂抹适量润滑脂,以增加分离轴承座孔与分离套筒间润滑,减小滑动阻力。 ③一只手扶住分离叉,另一只手将分离轴承座推入分离叉安装孔内。将分离轴承和分离轴承座安装好后,要反复推拉分离叉,使分离轴承及分离轴承座在套筒上滑动,确保分离轴承座安装到位,检查分离叉的复位情况;如果复位不良,应拆下分离叉,在其叉轴上涂抹适量润滑脂,视情况更换弹性复位钢片。 (2)安装离合器压盘和从动盘。 ①用手指转动变速器输入轴导向轴承,检查轴承是否良好。	□安装分离轴承、离合器工作缸及分离叉等,并在规定部位涂上适量的润滑脂(不能太多) □在分离轴承座孔内均匀涂抹适量润滑脂 □确保分离轴承座安装到位,检查分离叉的复位情况;如果复位不良,应拆下分离叉,在其叉轴上涂抹适量润滑脂 □用手指转动变速器输入轴导向轴承,检查轴承是否良好

续上表

步骤	操作方法及说明	质量标准及记录
2.安装离合器	 ②在输入轴导向轴承内涂抹适量润滑脂。  ③将长毂一面贴合在离合器压盘工作表面上。  ④将导向专用工具穿过离合器从动盘毂花键孔,其前端轴插入曲轴尾端孔中。 	□润滑脂不能涂抹过多,过多的润滑脂会飞溅到离合器摩擦表面,造成离合器打滑 □通过目测检查压盘表面状况,看是否有严重磨损、裂纹及擦伤痕迹,记录检查结果

续上表

步骤	操作方法及说明	质量标准及记录
2. 安装离合器	⑤将压盘和从动盘一起安装到飞轮上。  ⑥将离合器盖上的定位孔与飞轮盘上的定位销对准。  ⑦对角逐步拧紧离合器盖上的 6 个压紧螺栓,拧紧力矩为 25N·m。  ⑧安装变速器总成 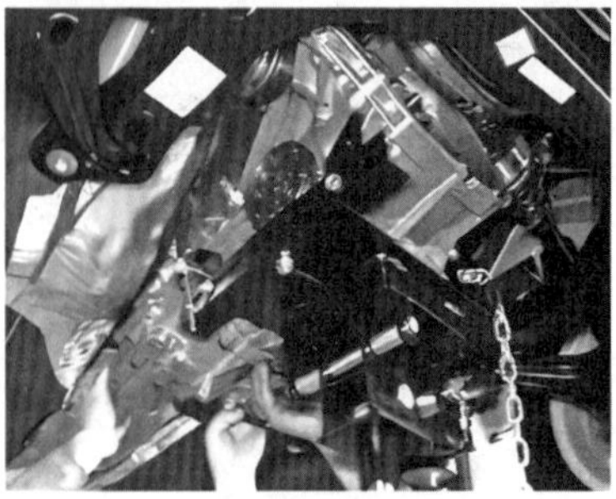	□拧紧压紧螺栓时,要按照"对角多遍"的要求进行 □按照"8S"整理

2. 膜片式离合器总成主要零部件的检测（表1-3）

膜片式离合器总成主要零部件的检测操作方法及说明　　　　　表1-3

步骤	操作方法及说明	质量标准及记录
1. 从动盘的检查	在距从动盘外边缘2.5mm处测量，离合器从动盘最大端面圆跳动为0.4mm	□铆钉头埋入深度应不小于0.20mm
2. 压盘的检查	压盘平面度应不超过0.2mm	□按规范检查压盘
3. 膜片弹簧的检查	（1）深度应小于0.6mm，宽度应小于5mm。 （2）弹簧内端应在同一平面内，间隙应不超过0.5mm。 （3）分离轴承旋转时，如有阻滞异响或明显间隙感，则应更换	□按规范检查膜片弹簧

续上表

步骤	操作方法及说明	质量标准及记录
4.飞轮的检查	（1）测量飞轮的端面圆跳动，应小于0.1mm。 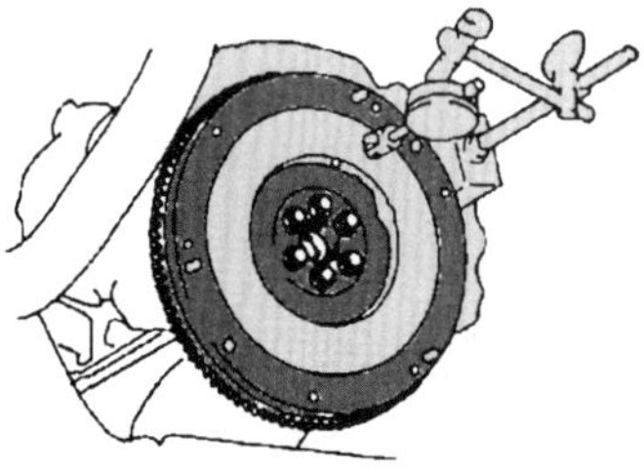 （2）分离轴承旋转时，如果有阻滞异响或明显间隙感，则应更换	□按规范检查飞轮

3.离合器踏板的检查与调整（表1-4）

离合器踏板的检查与调整操作方法及说明　　　　　　　　　　表1-4

步骤	操作方法及说明	质量标准及记录
1.离合器踏板检查前准备	（1）踩下、释放离合器踏板30次左右，使离合器踏板恢复到正常位置。 （2）检查转向盘高低是否固定，以确保测量的准确性。 （3）在转向盘上确定一点，一般选择转向盘的最低位置	□检查离合器踏板回位、踏板连接、踏板力及异常噪声
2.离合器踏板高度的检查	使用一把直尺测量离合器踏板从驾驶室底板到离合器踏板上表面的距离（未配备地毯），即离合器踏板的高度值，如果超出标准值的范围，应调整踏板高度 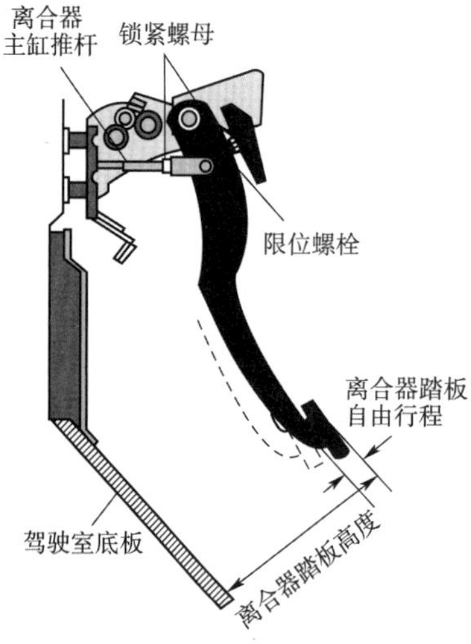	□测量时选用钢直尺，直尺应与驾驶室底板垂直，测量时注意踏板测量点的位置（中部）

续上表

步骤	操作方法及说明	质量标准及记录
3. 离合器踏板自由行程的检查	离合器踏板总行程 = 自由行程 + 工作行程 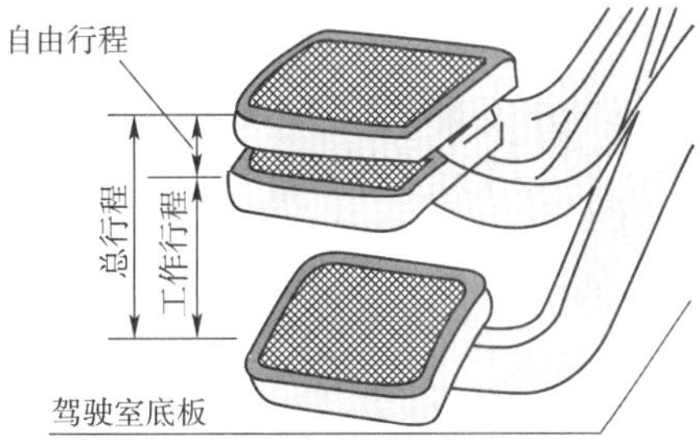 （自由行程、总行程、工作行程、驾驶室底板） 以驾驶室底板为基准（用直尺测量） 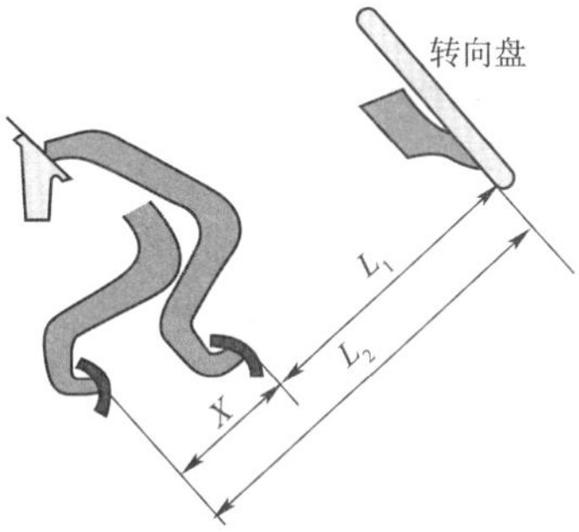 （转向盘、L_1、L_2、X） 以转向盘为基准（用卷尺测量） （X 为离合器踏板总行程，$X = L_2 - L_1$）	□按规范检查离合器踏板自由行程
4. 离合器踏板高度和自由行程的调整	（1）用扳手松开离合器主缸推杆上的锁紧螺母。 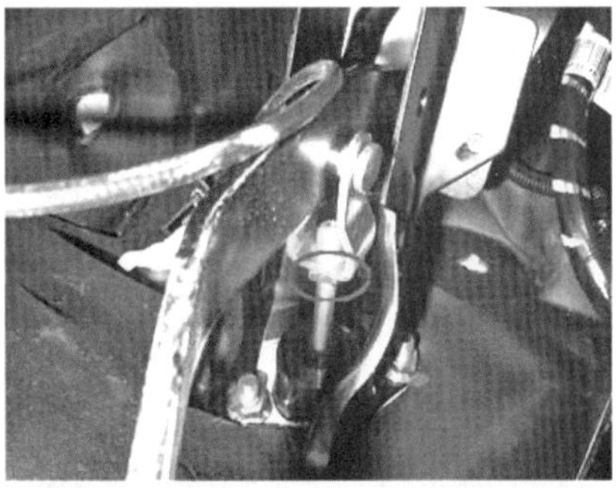 	□选择正确的工具松动锁紧螺母

续上表

步骤	操作方法及说明	质量标准及记录
4.离合器踏板高度和自由行程的调整	(2)转动离合器主缸推杆,使推杆尾端露出5个螺纹即可。 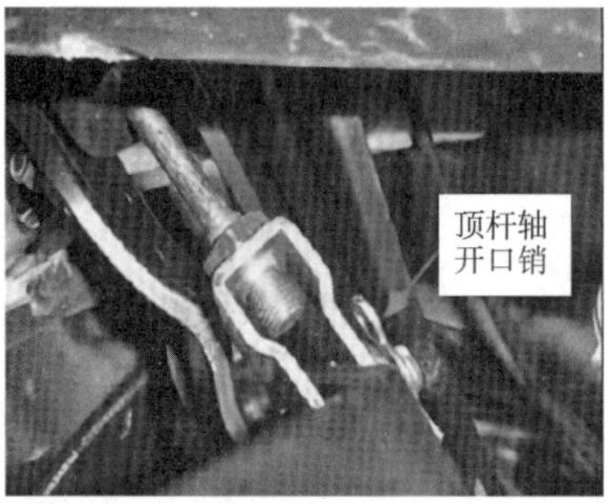 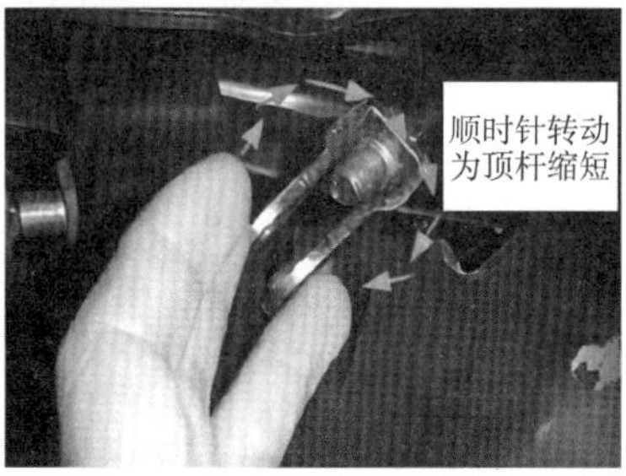 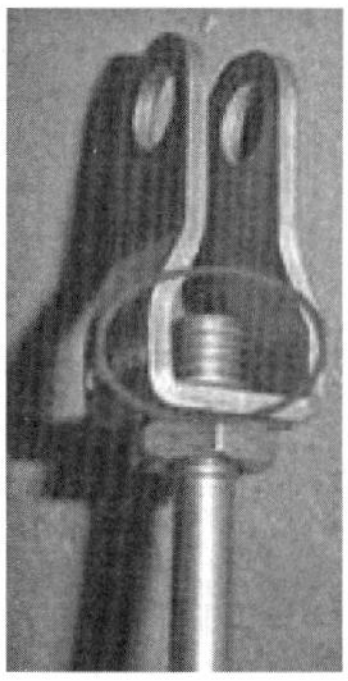 （图：顶杆轴开口销） （图：顺时针转动为顶杆缩短） （图：推杆） (3)调整后,拧紧离合器主缸推杆上的锁紧螺母。 (4)调整好踏板自由行程之后,检查踏板高度	□注意螺纹数量 □按规范检查踏板高度 □按照"8S"整理

四、评价反馈(表1-5)

评价表　　　　　　　　　　　　　　　表1-5

评分项目	评分标准	分值(分)	得分(分)
学习目标	能明确本任务的知识目标、技能目标、素养目标,理解任务在工作中的重要程度	5	

续上表

评分项目	评分标准	分值(分)	得分(分)
工作任务分析	能清晰地描述本次工作任务的内容	2	
	能清晰地描述完成本次工作任务的必备技能与知识点	2	
有效信息获取	能查阅资料,准确填写本次实训车辆的基本信息	5	
	能识读整车检查维护单,准确填写整车外部检查的作业项目、作业内容	5	
	能查阅资料,填写汽车传动异响的常见故障	5	
	能查阅资料,正确识别并填写离合器的问题类型	5	
实施方案制订	能清晰地制订并填写本次离合器的检查与更换的准备作业计划	5	
	能组织或协同工作小组成员,明确本次任务所需的仪器设备、工具、材料,并准备记录	5	
	能组织或协同工作小组成员进行交流,优化检查方案,并记录	5	
任务实施	能规范地进行作业前现场环境检查,并记录	4	
	能检查并规范穿戴个人防护用具,并记录	4	
	能规范进行离合器的拆卸,并记录	5	
	能规范进行离合器的安装,并记录	5	
	能规范进行膜片式离合器总成主要零部件的检查,并记录	5	
	能规范进行离合器踏板的检查,并记录	5	
	能规范进行离合器踏板的调整,并记录	5	
任务评价	通过本次任务实施,结合自己在实训过程中的表现,进行自我评价及自我反思,并记录	5	
职业素养	能按规定时间完成项目作业	3	
	能遵守实训室管理规定和劳动纪律	3	
	能积极参与课堂活动和回答问题	3	
	能按时出勤	4	
思政要求	爱岗敬业、尊重教师、团结同学,按文明生产规则进行操作,做好交流沟通,展示良好的工匠精神和职业素养	5	
总计		100	

改进建议:

教师签字:
日期:

学习活动2 手动变速器的检查与更换

一、明确任务

根据任务描述,学生领取汽车维修任务后,通过阅读维修工单,明确任务要求,查阅维修手册,确定作业方案;然后在规定工期内对手动变速器进行检查与更换,使其恢复正常使用性能。

二、工作准备与计划制订

(一)知识准备

1. 手动变速器的功用

(1)改变汽车的_____和汽车驱动轮上的_____。

(2)在发动机旋转方向不变的前提下,利用_____实现汽车倒向行驶。

(3)在发动机运行的情况下,利用_____中断动力传递。

2. 手动变速器的性能要求

(1)具有合理的挡数和适当的_____。

(2)具有倒挡和空挡。

(3)传动效率高,操纵轻便,工作可靠,无噪声。

(4)结构简单,体积小,质量小,维修方便。

3. 手动变速器的类型

(1)按传动轴的数量分类。

按传动轴的数量分类,手动变速器通常分为_____式和_____式。

(2)按齿轮啮合方式分类。

按齿轮啮合方式分类,手动变速器可分为滑动选择式、_____式和同步啮合式。

4. 手动变速器的结构、组成及传动路线

1)两轴式手动变速器的传动机构

(1)一挡传动路线。

输入轴→一挡主动齿轮→一挡从动齿轮→一、二挡同步器→输出轴,如图1-3所示。

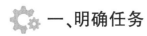

两轴式手动变速器挡位分析

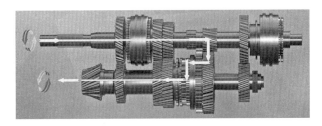

图 1-3　两轴式手动变速器一挡传动路线

（2）二挡传动路线。

输入轴→二挡主动齿轮→二挡从动齿轮→一、二挡同步器→输出轴。请在图 1-4 上画出二挡传动路线。

图 1-4　两轴式手动变速器二挡传动路线

（3）三挡传动路线。

输入轴→三、四挡同步器→三挡主动齿轮→三挡从动齿轮→输出轴，如图 1-5 所示。

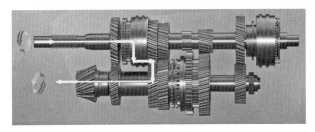

图 1-5　两轴式手动变速器三挡传动路线

（4）四挡传动路线。

输入轴→三、四挡同步器→四挡主动齿轮→四挡从动齿轮→输出轴。请在图 1-6 上画出四挡传动路线。

图 1-6　两轴式手动变速器四挡传动路线

(5)倒挡传动路线。

输入轴→倒挡主动齿轮→倒挡齿轮(惰轮)→倒挡从动齿轮→输出轴,如图1-7所示。

图1-7 两轴式手动变速器倒挡传动路线

2)三轴式手动变速器的传动机构

三轴式手动变速器的传动机构如图1-8所示。

图1-8 三轴式手动变速器的传动机构

三轴式手动变速器
挡位分析

3)同步器的组成

同步器由以下部件组成:锁环、弹簧圈、调整垫片、齿毂、滑块、接合套、调整垫片、第一轴常啮齿轮、拨叉、_____、第二轴二挡齿轮,如图1-9所示。

同步器的
结构原理

4)同步器的工作过程

(1)空挡。

同步器随着轴空转,不与任何齿轮啮合。

(2)挂挡。

在操纵结构的作用下,接合套及滑块向一侧移动,同步环与齿轮外圈逐渐接触。

(3)锁止。

同步器的结构可以保证,在同步前,无论驾驶员施加多大力矩,都不会挂上挡。

(4)同步啮合。

接合套压下_____继续左移,与锁环的花键齿圈进入啮合,进而再与齿轮进入啮合。

5)操纵机构

(1)功能。

手动变速器操纵机构的功能是保证驾驶员能准确可靠地将变速器挂入所需挡位,并可随时退至_____。

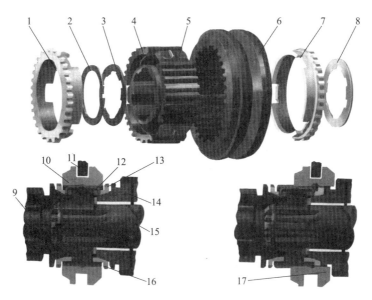

图 1-9 同步器

1-锁环;2-弹簧圈;3-调整垫片;4-齿毂;5-滑块;6-接合套;7-锁环;8-调整垫片;9-第一轴常啮齿轮;10-接合套;11-拨叉;12-滑块;13-锁环;14-第二轴二挡齿轮;15-第二轴;16-同步器脱开;17-同步器啮合

（2）分类。

根据变速操纵杆（换挡杆）位置的不同，操纵机构可分为_____式和远距离操纵式。

手动变速器操纵机构

（3）要求。

为了保证变速器能够准确地挂入选定的挡位，并可靠工作，手动变速器操纵机构必须满足下列要求：

挂挡后应保证_____与接合齿圈全部套合（或滑动齿轮换挡时，全齿长都进入啮合）。在振动等条件影响下，操纵机构应保证变速器不自行挂挡或不自行脱挡，为此在操纵机构中设有_____。

为了防止同时挂上两个挡而使变速器损坏或卡死，在操纵机构中设有_____。

为了防止在汽车前进时误挂倒挡，导致零件损坏，在操纵机构中设有倒挡锁装置。

（4）直接操纵式换挡机构。

直接操纵式换挡机构由以下部件组成：拨叉、传动杆、换挡操纵机构、变速器壳体、变速齿轮传动机构，如图 1-10 所示。

这种形式的变速器布置在驾驶员座椅附近，换挡杆由驾驶室底板伸出，驾驶员可以直接操纵。

换挡拨叉机构由五、六挡拨叉，三、四挡拨叉，一、二挡拨块，五、六挡拨块，一、二挡拨叉，倒挡拨叉，五、六挡拨叉轴，三、四挡拨叉轴，一、二挡拨叉轴，倒挡拨叉轴，换挡轴，换挡杆，叉形拨杆，倒挡拨块，自锁弹簧，自锁钢球，互锁销组成，如图 1-11 所示。

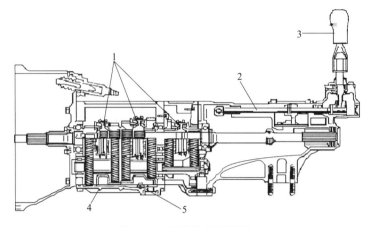

图1-10 直接操纵式换挡机构

1-拨叉;2-传动杆;3-换挡操纵机构;4-变速器壳体;5-变速齿轮传动机构

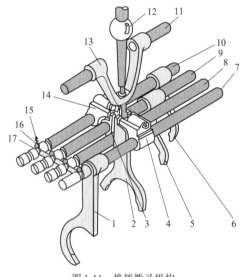

图1-11 换挡拨叉机构

1-五、六挡拨叉;2-三、四挡拨叉;3-一、二挡拨块;4-五、六挡拨块;5-一、二挡拨叉;6-倒挡拨叉;7-五、六挡拨叉轴;8-三、四挡拨叉轴;9-一、二挡拨叉轴;10-倒挡拨叉轴;11-换挡轴;12-换挡杆;13-叉形拨杆;14-倒挡拨块;15-自锁弹簧;16-自锁钢球;17-互锁销

拨叉轴的两端均支承于变速器盖的相应孔中,可以轴向滑动。

所有的拨叉和拨块都用弹性销固定于相应的_____上,拨叉和拨块的顶部设有凹槽。

变速器处于____挡时,各凹槽在横向平面内对齐,叉形拨杆下端的球头即可伸入这些凹槽中。

选挡时可使换挡手柄绕其中部球形支点横向摆动,则其下端推动叉形拨杆绕换挡轴的轴线摆动,从而使叉形拨杆下端球头对准与所选挡位对应的拨块凹槽,然后使换挡杆纵向摆动,带动拨叉轴及拨叉向前或向后移动,即可实现挂挡。

(5)远距离操纵式换挡机构。

远距离操纵式换挡机构由换挡接合器、下换挡杆、变速杆、支撑杆、内换挡杆、_____、_____组成,如图 1-12 所示。

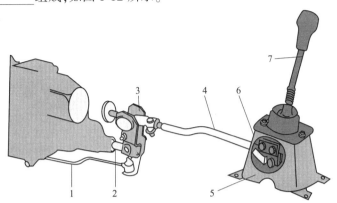

图 1-12　远距离操纵式换挡机构

1-换挡接合器;2-下换挡杆;3-变速杆;4-支撑杆;5-内换挡杆;6-倒挡保险挡块;7-换挡杆

在有些汽车上,由于变速器离驾驶员座位较远,故需要在换挡杆与_____之间加装一些辅助杠杆或一套传动机构,构成远距离操纵机构。这种操纵机构多用于发动机前置、前轮驱动的轿车。

(6)换挡锁装置。

换挡锁装置由自锁弹簧、_____、拨叉轴、互锁钢球、互锁销组成,如图 1-13 所示。

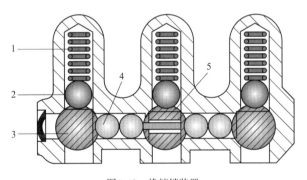

图 1-13　换挡锁装置

安全装置

1-自锁弹簧;2-自锁钢球;3-拨叉轴;4-互锁钢球;5-互锁销

为了保证变速器在任何情况下都能准确、安全、可靠地工作,手动变速器操纵机构一般都具有换挡锁装置,包括自锁装置、互锁装置和倒挡锁装置。

自锁装置由自锁钢球和自锁弹簧组成。

互锁装置由互锁钢球、拨叉轴、_____组成,如图 1-14 所示。互锁装置的工作原理是当驾驶员用换挡杆推动某一拨叉轴时,会自动锁止其余拨叉轴,从而防止同时挂上两个挡位。

倒挡锁装置由变速杆、倒挡拨块、倒挡锁弹簧、倒挡锁销组成,如图 1-15 所示。

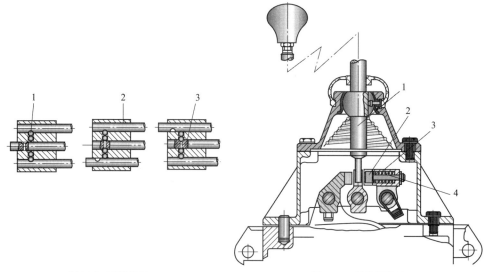

图 1-14　互锁装置

1-互锁钢球;2-拨叉轴;3-互锁销

图 1-15　倒挡锁装置

1-变速杆;2-倒挡拨块;3-倒挡锁弹簧;4-倒挡锁销

(二)制订工作方案

1. 任务分工(表 1-6)

学生任务分配表　　　　表 1-6

班级		组号		指导老师	
组长		任务分工			
组员 1		任务分工			
组员 2		任务分工			
组员 3		任务分工			
组员 4		任务分工			
组员 5		任务分工			
组员 6		任务分工			

2. 工量具、仪器设备与耗材准备

(1)使用的工量具有:_____。

(2)使用的仪器设备有:_____。

(3)使用的耗材有:_____。

3. 具体方案描述

三、计划实施

(一)安全注意事项及技能要点

1. 安全注意事项
(1) 不准赤脚或穿拖鞋、高跟鞋和裙子上课,留长发者要戴工作帽。
(2) 上课时要集中精神,不准说笑、打闹。
(3) 进入汽车实训场地后,未经老师批准,不得动用实训车上的各项设备。
(4) 正确使用举升机和工具。
(5) 严格按照拆装顺序进行拆装,并注意操作安全。
(6) 注意各零部件的清洗和润滑。
(7) 分解变速器时不能用铁锤敲击零部件。
(8) 拉出换挡叉轴时,应注意不可使用自锁钢球,以免弹簧飞出。
(9) 实习结束后,整理清洁工具并清理场地。

2. 技能要点
(1) 按照正确、规范的步骤对手动变速器进行拆卸与安装。
(2) 按照正确、规范的步骤对手动变速器进行检修。

(二)手动变速器的检查与更换

1. 手动变速器的拆卸与安装(表1-7)

手动变速器的拆卸与安装操作方法及说明　　　　表1-7

步骤	操作方法及说明	质量标准及记录
1.手动变速器的拆卸	(1) 变速器总成的分解。 ① 将变速器摆放在试验台上,使所有的换挡叉轴处于空挡位置。 	□ 注意所有换挡叉处于空挡位置

续上表

步骤	操作方法及说明	质量标准及记录
1. 手动变速器的拆卸	②取出离合器分离轴承。 ③取下放油螺栓，放出变速器中的油。 ④拆下选挡、换挡和倒挡止动螺栓。 ⑤拆下换挡机构。 ⑥卸下变速器的后壳体，由于有密封胶，拆卸时可用木槌或铜棒敲击。 用铜棒敲击	□注意放油时找到合适的容器盛放，以防油溢出 □选用合适工具拆卸螺栓 □敲击时注意铜棒角度，防止损坏变速器壳体

续上表

步骤	操作方法及说明	质量标准及记录
1. 手动变速器的拆卸	 ⑦分解变速器上、下壳体,拆下上壳体。  ⑧拔出输入轴和输出轴总成。  (2)变速器输出轴总成的分解。 ①将第一轴和第二轴分开。 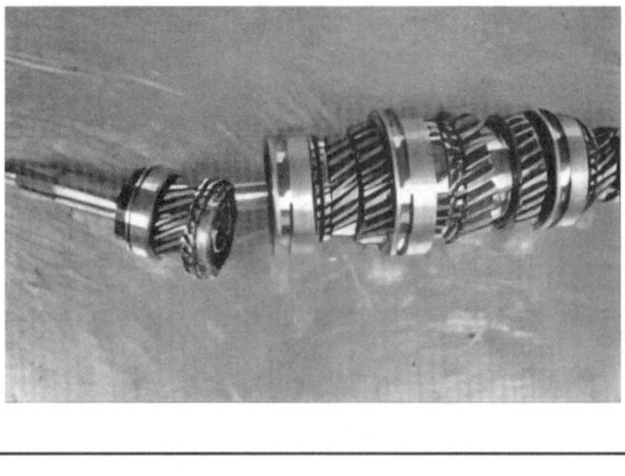	□严格按照规范进行拆卸

续上表

步骤	操作方法及说明	质量标准及记录
1. 手动变速器的拆卸	②拆下三、四挡花键毂卡环，取下花键毂、三挡从动齿轮及同步器锁环。  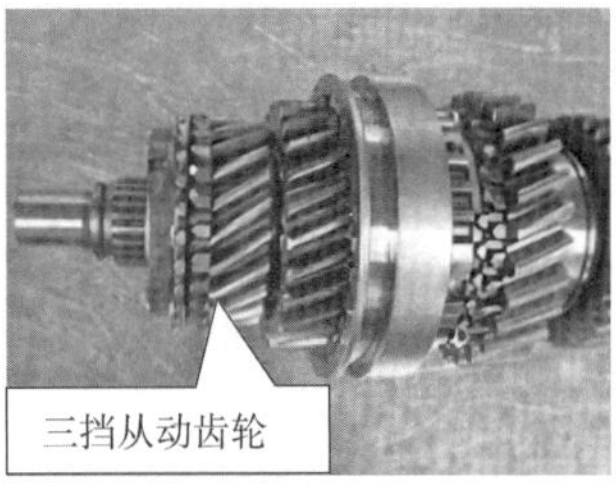 三、四挡花键毂 三挡从动齿轮 ③用卡环钳拆下卡环，取出车速里程表传动齿轮。 ④用专用工具取下卡环，拉出后端支撑轴承。  ⑤取下五挡从动齿轮卡环、后端轴承，然后取下五挡从动齿轮及同步器。  五挡齿轮机构	□注意取下三挡从动齿轮及同步器锁环 □注意取出车速里程表传动齿轮 □正确使用专用工具进行拆卸 □注意取下五挡从动齿轮及同步器

续上表

步骤	操作方法及说明	质量标准及记录
1. 手动变速器的拆卸	⑥取下同步器卡环,拆下五挡、倒挡同步器。  ⑦拆卸倒挡从动齿轮。 倒挡从动齿轮  ⑧用专用工具拆卸中间支承轴承。  ⑨分别拆卸一挡从动齿轮,一、二挡同步器,二挡从动齿轮  拆卸一挡从动齿轮	□正确选用专用工具进行拆卸 □按规范拆卸部件

续上表

步骤	操作方法及说明	质量标准及记录
1. 手动变速器的拆卸	 拆卸一、二挡同步器  拆卸二挡从动齿轮 (3) 变速器换挡机构的拆卸。 ①用专用工具取出一、二挡拨叉和三、四挡拨叉的定位销。  定位销 ②取下3根拨叉轴，并取出自锁和互锁弹簧、钢珠及互锁销。 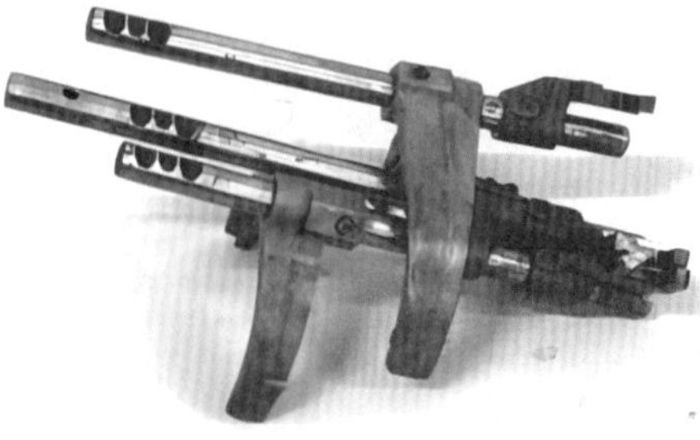	□注意在取定位销时，一定要使定位销的位置与变速器壳体上的装配工艺槽的位置相对应 □按规范取出各部件 □按照"8S"整理

续上表

步骤	操作方法及说明	质量标准及记录
2.手动变速器的安装	变速器的安装程序和分解程序相反。安装时的注意事项： (1)变速器安装时，使用的所有部件必须清洗干净。 (2)安装前，对变速器内有滑动和摩擦表面的部件，要用变速器机油润滑。 (3)在安装输出轴的同步器时，一定要将同步器毂的位置安装正确，接合套外带拨叉槽的一端应朝前。 (4)安装壳体总成时，应注意不许漏装锁球、弹簧、互锁销。 (5)安装倒挡齿轮时，注意齿轮牙齿的一端要有倒挡角。安装输入轴及中间轴上的倒挡齿轮时，其牙齿有倒挡角的一端朝外，而倒挡滑动齿轮上牙齿有倒角的一端朝里。 (6)将变速器各壳体组装在一起时，应先擦干净各壳体的接合面，在接合面上均匀地涂上一层密封剂，经过几分钟后，再将各壳体装配在一起	□按正确顺序进行组装 □所有部件必须清洗干净 □将各部件润滑到位 □按照规范步骤进行安装 □组装上、下壳体时，应注意将各换挡拨叉插入各自的同步器啮合套的槽里。壳体对齐后，均匀地依次将各紧固螺栓拧紧，注意拧力要大小一致 □按照"8S"整理

2.手动变速器的检修(表1-8)

手动变速器的检修操作方法及说明　　　表1-8

步骤	操作方法及说明	质量标准及记录
1.变速叉的检修	变速叉的常见损坏现象是叉的弯曲和扭曲，叉上端导动块以及叉下端端面磨薄成沟槽，从而影响齿轮正常啮合，导致"跳挡"的故障。若变速叉弯扭，则可用敲击法校正；若导动块和端面磨损严重，则应进行焊修或更换。变速叉轴弯曲、锁销及定位球磨损，定位弹簧变软和折断均会引起"跳挡"	□按照规范步骤进行检修 □按照"8S"整理
2.轴和轴承内座圈的检修	(1)用游标卡尺分别测量输出轴凸缘的厚度和内座圈外径。	□正确使用游标卡尺进行测量

续上表

步骤	操作方法及说明	质量标准及记录
2. 轴和轴承内座圈的检修	（2）用外径千分尺测量各轴的轴颈及用百分表测量各轴的径向圆跳动。轴颈及花键不应有严重磨损，径向圆跳动应不超过 0.05mm，否则应更换或校正。 （3）装好轴和轴承内座圈后，用百分表测量齿轮与内座圈之间的间隙。标准间隙为 0.009～0.060mm，极限间隙为 0.15mm，如果间隙超标，则应更换轴	□正确使用外径千分尺进行测量 □正确使用百分表进行测量 □按照"8S"整理
3. 齿轮和花键的检修	（1）采用目视法检查所有齿轮和花键，如果有明显损坏应更换。 （2）采用目视法检查齿轮齿面是否有斑点，如果有轻微斑点，在不影响质量的情况下可用油石修磨；如果斑点面积超过 15%，必须更换齿轮。 （3）检查齿厚，如果齿厚磨损超过 0.2mm，则应更换齿轮。 （4）检查齿长磨损，如果齿长磨损超过 15%，则应更换齿轮	□注意目视检查所有齿轮和花键 □注意如果齿轮齿面斑点面积超过 15%，必须予以更换 □按照规范步骤进行检查 □按照"8S"整理

续上表

步骤	操作方法及说明	质量标准及记录
4.同步器的检修	（1）检查同步器齿毂的花键部位和接合套是否损坏或磨损，把齿毂装配到齿套里，检查齿毂和齿套是否过松或是否歪斜。	□检查齿毂的花键部位和接合套磨损情况
	（2）用厚薄规测量同步锁环齿端与相配合接合齿端的间隙，标准间隙为0.8~1.2mm，使用限度为0.5mm，当间隙达到或超过使用限度时，应更换锁环。	□正确使用厚薄规进行测量
	（3）采用目视法检查同步器滑块、同步器弹簧的磨损情况。	□检查同步器滑块磨损情况，重点检查顶部凸起部位；检查同步器弹簧是否衰损或断裂

续上表

步骤	操作方法及说明	质量标准及记录
4.同步器的检修	(4)检查各轴弹性挡圈及卡环是否损坏变形,当损坏或变形严重时,应予以更换。 (5)检查各锁球、弹簧是否损坏,测量弹簧自由长度标准为19.5mm,使用限度为17mm,如果弹簧损坏或自由长度小于使用限度,应予以更换。 (6)检查各换挡轴的磨损情况。锁球边缘磨损严重时,应及时更换换挡叉轴,否则易引起变速器"跳挡"。 (7)检查各换挡拨叉是否损坏或叉脚磨损,拨叉损坏或叉脚磨损严重时,应予以更换	□按规范步骤进行检查 □按照"8S"整理

四、评价反馈(表1-9)

评价表　　　　　　　　　　　　　　　　　　　　　　　表1-9

评分项目	评分标准	分值(分)	得分(分)
学习目标	能明确本任务的知识目标、技能目标、素养目标,理解任务在工作中的重要程度	5	
工作任务分析	能清晰地描述本次工作任务的内容	2	
	能清晰地描述完成本次工作任务的必备技能与知识点	2	
有效信息获取	能查阅资料,准确填写本次实训车辆的基本信息	5	
	能识读整车检查维护单,准确填写整车外部检查的作业项目、作业内容	5	
	能查阅资料,填写汽车传动异响的常见故障	5	
	能查阅资料,正确识别并填写手动变速器的问题类型	5	
实施方案制订	能清晰地制订并填写本次手动变速器的检查与更换的准备作业计划	5	
	能组织或协同工作小组成员,明确本次任务所需的仪器设备、工具、材料,并准备记录	5	
	能组织或协同工作小组成员进行交流,优化检查方案,并记录	5	
任务实施	能规范地进行作业前现场环境检查,并记录	4	
	能检查并规范穿戴个人防护用具,并记录	3	
	能规范进行手动变速器的拆卸,并记录	5	
	能规范进行手动变速器的安装,并记录	5	
	能规范进行变速叉的检修,并记录	3	

续上表

评分项目	评分标准	分值(分)	得分(分)
任务实施	能规范进行轴和轴承内座圈的检修,并记录	3	
	能规范进行齿轮和花键的检修,并记录	5	
	能规范进行同步器的检修,并记录	5	
任务评价	通过本次任务实施,结合自己在实训过程中的表现,进行自我评价及自我反思,并记录	5	
职业素养	能按规定时间完成项目作业	3	
	能遵守实训室管理规定和劳动纪律	3	
	能积极参与课堂活动和回答问题	3	
	能按时出勤	4	
思政要求	爱岗敬业、尊重教师、团结同学,按文明生产规则进行操作,做好交流沟通,展示良好的工匠精神和职业素养	5	
总计		100	

改进建议：

教师签字：
日期：

学习活动3　自动变速器的检查与更换

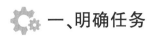

一、明确任务

根据任务描述,学生领取汽车维修任务后,通过阅读维修工单,明确任务要求,查阅维修手册,确定作业方案;然后在规定工期内对自动变速器进行检查与更换,使其恢复正常使用性能。

二、工作准备与计划制订

(一)知识准备

1. 自动变速器的分类

自动变速器按照结构和控制方式分为机械式自动变速器(AMT)、_____(CVT)、液力式自动变速器(AT)。

自动变速器的分类

2. 自动变速器的组成

自动变速器由_____、行星齿轮变速机构、液压控制装置、电子控制装置组成,如图 1-16～图 1-19 所示。

图 1-16　液力变矩器

液力变矩器结构认识

图 1-17　行星齿轮变速机构

图 1-18　液压控制装置

3. 液压控制系统的基本组成

液压控制系统包括动力源、执行机构和控制机构三大部分。

(1)动力源:液压控制系统的动力源是_____(又称液压泵),它是整个液压控制系统的工作基础。如各种阀体的动作、换挡执行元件的工作等,都需要一定压力的液压油(又称自动变速器油,ATF)。油泵的基本功用就是提供满足需求的 ATF 油量和_____。

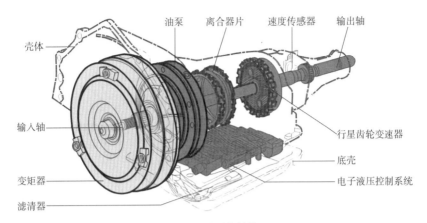

图 1-19　电子控制装置

（2）执行机构：执行机构主要由_____、制动器油缸等组成。其功用是在控制油压的作用下实现离合器的_____和分离、制动器的制动和松开动作，以便得到相应的挡位。

（3）控制机构：控制机构包括阀体和各种阀，如主调压阀、手动阀、_____等。

此外，液压控制系统还包括一些辅助装置，如用于防止换挡冲击的_____、止回阀等。

4. 液力变矩器的作用

（1）增大由发动机产生的转矩。

（2）起到离合器的作用，传递（或不传递）发动机_____至变速器。

（3）缓冲发动机和传动系统的扭振。

（4）起到飞轮作用，使发动机转动平稳。

（5）驱动油泵。

（6）通过锁止离合器，实现刚性传动。

5. 锁止离合器的工作原理

锁止离合器由控制单元根据行驶状况，通过滑阀箱（阀体）内的_____改变通往变矩器油流的方向，从而实现分离或锁止，该锁止离合器主要在三挡和四挡时接合锁止离合器，以实现锁止。

锁止离合器的接合由三个油道交替改变油压来控制。

当锁止离合器接通和断开时，三个油道再加上调节阀可按要求产生压力或卸载压力，锁止离合器本身又带有_____，因此，离合器接合很平稳。

锁止离合器的断开：自动变速器油流过油道 A 和 B，油道 C 已关闭，从油道 B 出来的油流向行星齿轮系，起润滑部件的作用。

锁止离合器的接合：为使离合器接合，自动变速器油必须流过油道 C，同时，油道 A 打开，因此锁止离合器背后的油压高于前面的油压。离合器摩擦片压到_____壳体上，发动机和变速器就连成一体。

6. 模糊逻辑控制

根据行驶工况和行驶阻力自动选择换挡点的优点如下：

(1)可根据燃油_____进行换挡。

(2)始终具有最大发动机输出功率。

(3)所有行驶工况下都能够实现各换挡点之间的匹配。

(4)换挡点的数量是无限的。

7. 上、下坡时的换挡点变化

附加的换挡曲线图能够根据_____的位置和行驶速度自动选择上、下坡的挡位。

(1)在陡坡路段上坡行驶时，换挡曲线图被扩展至与发动机输出相匹配。

(2)在陡坡路段下坡行驶时，换挡曲线图被扩展至与发动机制动效应相匹配。

(二)制订工作方案

1. 任务分工(表1-10)

学生任务分配表   表1-10

班级		组号		指导老师	
组长		任务分工			
组员1		任务分工			
组员2		任务分工			
组员3		任务分工			
组员4		任务分工			
组员5		任务分工			
组员6		任务分工			

2. 工量具、仪器设备与耗材准备

(1)使用的工量具有：_____。

(2)使用的仪器设备有：_____。

(3)使用的耗材有：_____。

3. 具体方案描述

_____

_____

_____

_____

三、计划实施

(一)安全注意事项及技能要点

1. 安全注意事项

(1)不准赤脚或穿拖鞋、高跟鞋和裙子上课,留长发者要戴工作帽。
(2)上课时要集中精神,不准说笑、打闹。
(3)进入汽车实训场地后,未经老师批准,不得动用实训车上的各项设备。
(4)正确使用举升机和工具。
(5)在拆装自动变速器总成时,应注意变速器在变速器托架上的位置是否合适。
(6)自动变速器前壳体端面比较锋利,应注意安全。
(7)实习结束后,整理清洁工具并清理场地。

2. 技能要点

(1)按照正确、规范的步骤对自动变速器进行拆卸。
(2)正确选择工量具对自动变速器进行装配及检测。

(二)自动变速器的检查与更换

自动变速器的
装配及设备
工具(组装输入离合器总成)

自动变速器的
装配及设备
工具[组装总成(1)]

自动变速器的
装配及设备
工具[组装总成(2)]

1. 自动变速器的拆卸(表1-11)

自动变速器的拆卸操作方法及说明　　　　　　　表1-11

步骤	操作方法及说明	质量标准及记录
1.取下液力变矩器	取下液力变矩器	□正确使用液力变矩器专用拆卸工具
2.取下凸缘	先用气动冲击扳手和T30套筒把凸缘固定螺栓取下,再用橡胶锤敲打凸缘使其松动,取出凸缘	□检查气动冲击扳手、T30套筒与螺母的配合度,以防打坏螺母
3.取下油底壳及密封垫	(1)取下油底壳。 旋转变速器,使油底壳朝上。利用气动冲击扳手、E10套筒按顺序松开油底壳6个螺栓,取出油底壳。	□拆卸螺栓时注意对角卸力

续上表

步骤	操作方法及说明	质量标准及记录
3.取下油底壳及密封垫	（2）取下油底壳及密封垫。 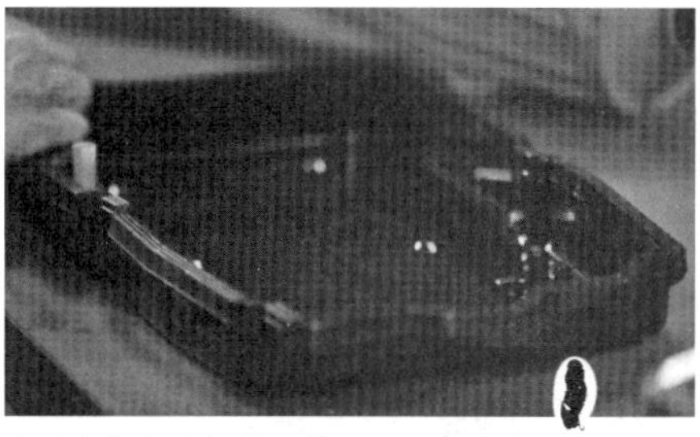 （3）取下油底壳及相关组件 	
4.取下阀板总成	（1）利用气动冲击扳手、T30套筒将变速器阀板上的10个固定螺栓（左、右各5个）取下。  （2）用接杆顶住电脑插头根部 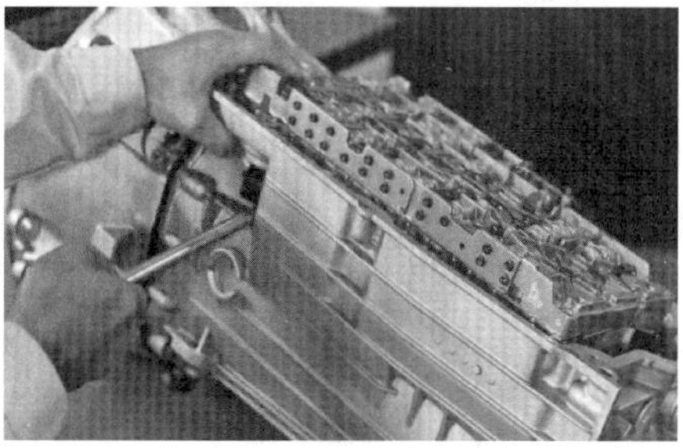	□注意不要顶到前部（容易造成变形或损坏），顶起后将阀体整块取出 □注意不要损坏传感器

续上表

步骤	操作方法及说明	质量标准及记录
5.拆下B2活塞座的2个固定螺栓	利用气动冲击扳手、T45套筒拆下B2活塞座的2个固定螺栓 	□正确使用套筒拆卸螺栓
6.取出换挡杆和挂挡片	利用气动冲击扳手、T30套筒将挂挡片的固定螺栓取下,取出换挡杆和挂挡片 	□取出换挡杆,注意不要弄弯
7.取下变速器前壳	(1)利用气动冲击扳手、T30套筒取下变速器前壳与后壳之间的2个固定螺栓。 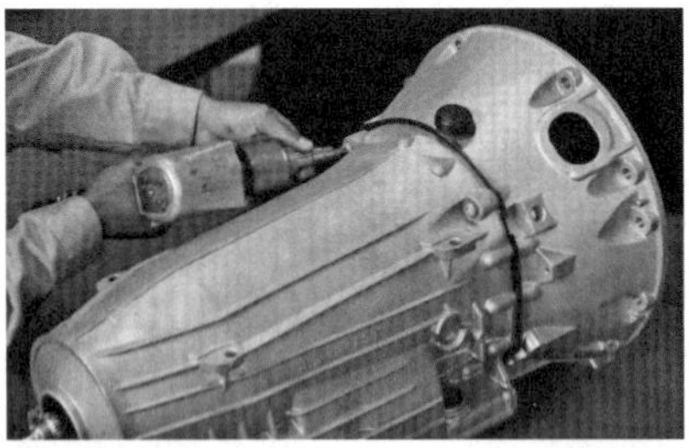 (2)取下变速器前壳与后壳之间的15个固定螺栓。 	□正确使用工具拆卸螺栓

续上表

步骤	操作方法及说明	质量标准及记录
7. 取下变速器前壳	(3) 用右手推动输入轴的顶部,左手固定前壳,使其分离,并取下前壳 	□注意不要暴力拆卸
8. 取下 B1 活塞及油泵	(1) 利用气动冲击扳手、T30 套筒将 B1 活塞的 11 个固定螺栓取下。 	□正确使用工具拆卸螺栓
	(2) 利用气动冲击扳手、T45 套筒将油泵的 7 个固定螺栓取下。 	□正确使用套筒拆卸螺栓
	(3) 用橡胶锤敲打油泵定子轴,使其松动分离,并取下 B1 活塞。 	□注意不要将油泵敲击变形

续上表

步骤	操作方法及说明	质量标准及记录
8. 取下 B1 活塞及油泵	（4）取下油泵。 ①利用橡胶锤、一字螺丝刀敲打油泵的黑色面。  ②取出油泵内、外齿和密封圈 	□使用橡胶锤时用力要均衡
9. 取出 K1 多盘离合器	取出 K1 多盘离合器 	□注意轻拿轻放，不要暴力拆卸
10. 取出 B3 多盘制动器	取出 B3 多盘制动器 	□注意轻拿轻放，不要暴力拆卸

续上表

步骤	操作方法及说明	质量标准及记录
11. 取出 K1 连接毂	取出 K1 连接毂 	□注意轻拿轻放,不要暴力拆卸
12. 取出输入离合器总成	取出输入离合器总成 	□注意轻拿轻放,不要暴力拆卸
13. 取出后行星架总成	取出后行星架总成 	□注意轻拿轻放,不要暴力拆卸
14. 拆卸 BR 多盘制动器的卡簧,取出制动片	使用中号一字螺丝刀拆卸 BR 多盘制动器的卡簧,取出制动片 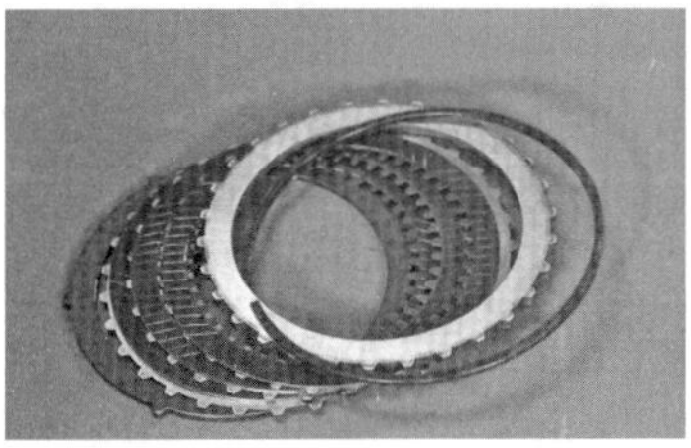	□正确使用工具拆卸卡簧
15. 取出 B2 多盘制动器	取出 B2 多盘制动器 	□注意轻拿轻放,不要暴力拆卸

续上表

步骤	操作方法及说明	质量标准及记录
16.取出驻车爪齿、调整间隙垫片	(1)取出驻车爪齿。  (2)取出调整间隙垫片 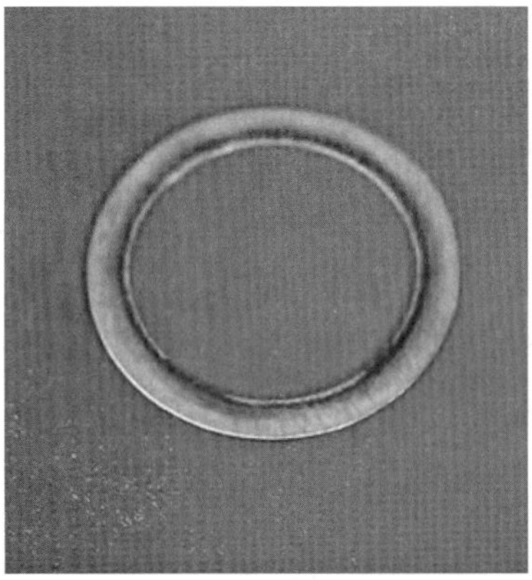	□注意轻拿轻放,不要暴力拆卸

2. 自动变速器的装配与检测(表1-12)

自动变速器的装配与检测操作方法及说明　　　　表1-12

步骤	操作方法及说明	质量标准及记录
1.K1的装配	(1)采用目视法检查太阳轮有无缺口,后面开口环位置有无磨损,轴承是否完好无损。 (2)检查下活塞的胶边有无缺损。 (3)在K1工作面抹润滑油使其润滑。 (4)往活塞工作面涂抹润滑油,双手均衡用力向下压。 (5)放置复位弹簧。 (6)安装上活塞,安装密封胶圈(注意正反),检查是否完整无损。	□按照技术标准装配 □注意轻拿轻放,不要暴力安装

续上表

步骤	操作方法及说明	质量标准及记录
1. K1 的装配	（7）把 K1 装在气动压床上，压缩活塞，安装卡簧。 （8）安装下凸缘盘，安装摩擦盘 6 片（光面朝下），安装上凸缘盘。 （9）安装卡簧，固定多片离合器	□按照"8S"整理
2. K1 的检测	以 K1 的边缘处为基准面，每隔 120°进行测量，测量 3 次。将深度尺平放在 K1 多盘离合器的边缘，测量深度，记录数值，用一字螺丝刀挑起离合器片，再次记录数值。并取 3 个差值的平均值与标准值进行对比，如果超出标准值的范围，则应更换卡簧	□按照技术标准检测 □正确使用深度尺进行测量
3. K2 的装配	（1）检查齿圈是否有麻点，以及下活塞的工作面是否顺滑。 （2）将 3 条开口环套入输入轴。 （3）装配下活塞胶圈。 （4）装配输入毂与下活塞之间的胶圈。 （5）装配上活塞胶圈。 （6）在输入毂和上、下活塞工作面上涂抹润滑油。 （7）双手拿起下活塞，均衡用力向下压，放置复位弹簧（注意不要装反）。 （8）装配上活塞与卡簧：将未安装卡簧的输入毂放置在气动压床上，并放置压具启动压床。将卡簧装配到位，转动一下卡簧看是否顺畅。 （9）将金属垫片放入 K2 中，此金属垫片要按照垫片的形状，大开口的方向朝外放入。 （10）安装摩擦盘 6 片（光面朝下），安装凸缘盘。 （11）安装卡簧，固定多盘离合器	□按照技术标准装配 □注意轻拿轻放，不要暴力安装

续上表

步骤	操作方法及说明	质量标准及记录
3. K2 的装配		□按照"8S"整理
4. K2 的检测	以 K2 的边缘处为基准面,每隔 120°进行测量,测量 3 次。将深度尺平放在 K2 多盘离合器的边缘,测量深度,记录数值,用一字螺丝刀挑起离合器片,再次记录数值	□正确使用深度尺进行测量
5. K3 的装配	(1)安装活塞密封胶圈。 (2)在离合器与活塞上涂抹润滑油。 (3)安装活塞,用双手压入。 (4)放入复位弹簧。 (5)把已装配的零部件放到气动压床上,压下复位弹簧,装配好卡簧。 (6)将金属垫片放入 K3 中,此金属垫片要按照垫片的形状,大开口的方向朝外放入,同时垫片另一侧要有摩擦材料。 (7)安装摩擦盘 7 片(光面朝下),安装凸缘盘。 (8)安装卡簧,固定多盘离合器	□按照技术标准装配 □注意轻拿轻放,不要暴力安装 □按照"8S"整理

续上表

步骤	操作方法及说明	质量标准及记录
6. K3 的检测	以 K3 的边缘处为基准面,每隔 120°进行测量,测量 3 次。将深度尺平放在 K3 多盘离合器的边缘,测量深度,记录数值,用一字螺丝刀挑起离合器片,再次记录数值	□正确使用深度尺进行测量
7. B1 的装配	（1）检查花键的状态。 （2）按顺序装开口环。 （3）安装活塞,在安装之前涂抹润滑油。 （4）安装复位弹簧。 （5）把已装配好的零部件放到气动压床上,压下复位弹簧,装配好卡簧。 （6）安装下凸缘盘,安装摩擦盘 6 片（光面朝下）,安装上凸缘盘。 （7）安装卡簧	□按照技术标准装配 □注意轻拿轻放,不要暴力安装 □按照"8S"整理
8. B1 的检测	以 B1 的边缘处为基准面,每隔 120°进行测量,测量 3 次。用深度尺平放在 B1 的边缘,测量深度,记录数值,用一字螺丝刀挑起离合器片,再次记录数值	□正确使用深度尺进行测量

续上表

步骤	操作方法及说明	质量标准及记录
9. B2 的装配	(1) 安装活塞座密封胶圈。 (2) 安装 B2 活塞密封胶圈，更换全部密封胶圈。 (3) 在相应的活塞和工作面上涂抹润滑油。 (4) 寻找记号并按拆除时的记号对准，往下均衡用力。 (5) 安装 B2 活塞。 (6) 安装平衡活塞。 (7) 安装复位弹簧。 (8) 放置好卡簧座及卡簧，用气动压床压下卡簧座，(使用外开平口卡簧钳)安装卡簧并确认是否安装到位，松开压力机。 (9) 安装下凸缘盘，安装压盘及摩擦盘(5 对，压盘在下，摩擦盘夹在中间)，安装上凸缘盘。 (10) 安装卡簧	□按照技术标准装配 □注意轻拿轻放，不要暴力安装 □按照"8S"整理
10. B2 的检测	以 B2 的边缘处为基准面，每隔 120°进行测量，测量 3 次。将深度尺平放在 B2 的边缘，测量深度，记录数值，用一字螺丝刀挑起离合器片，再次记录数值	□正确使用深度尺、一字螺丝刀进行测量
11. B3 的装配	(1) 在 B3 内部涂抹润滑油。 (2) 在活塞与金属接触面上涂抹润滑油。 (3) 安装活塞。 (4) 安装复位弹簧。 (5) 放置好卡簧，用气动压床压下卡簧，安装卡簧并确认安装是否到位，松开压力机。 (6) 安装下凸缘盘，安装摩擦盘 6 片(注意摩擦盘安装顺序，不要装反)，安装上凸缘盘。	□按照技术标准装配 □注意轻拿轻放，不要暴力安装

续上表

步骤	操作方法及说明	质量标准及记录
11. B3 的装配	(7)安装卡簧	□按照"8S"整理
12. B3 的检测	以 B3 的边缘处为基准面,每隔 120°进行测量,测量 3 次。将深度尺平放在 B3 的边缘,测量深度,记录数值,用一字螺丝刀挑起离合器片,再次记录数值	□正确使用深度尺进行测量
13. 机油泵的安装	(1)对油泵进行检查,并检查轴承。 (2)用油封专用工具及锤子安装油封,油封要与油封套面水平。 (3)安装油泵密封橡胶圈。 (4)检查齿轮接触面是否不平整,并在内部加润滑油	□按照技术标准装配 □注意轻拿轻放,不要暴力安装 □按照"8S"整理
14. 输入离合器总成的安装	(1)在安装之前先检查部件的垫片间隙(间隙见该型号自动变速器维修手册标准)、轴承是否旋转平顺、齿圈是否无磕碰、密封圈的开口方向是否无误及其是否有磕碰等。	□按照技术标准装配 □注意轻拿轻放,不要暴力安装

续上表

步骤	操作方法及说明	质量标准及记录
14.输入离合器总成的安装	(2)将输入轴和行星架进行拼接,然后套入中间齿圈,并用卡环进行卡止。	□按照"8S"整理
15.输出轴总成的安装	(1)对要组装的部件进行如下功能检查: ①输出行星架的齿轮及垫片的间隙。 ②后太阳轮总成的金属表面平整性。 ③柱形滚针轴承的旋转流畅性。 ④中间行星架齿轮垫片间隙及正、反面轴承的旋转流畅性等。 (2)将新的塑料开口环(3个)分别套入输出轴。 (3)把柱形的滚针轴承套在K3连接毂处。 (4)套上后太阳轮。 (5)套上单面轴承(有滚珠面朝上)。 (6)套进垫片,装入卡簧;用卡簧钳撑开卡簧,放进卡簧槽内。 (7)套进胶圈:用手指将胶圈挤出一条缝隙,将小螺丝刀从缝隙处插入,围绕胶圈向下推送胶圈至密封槽中。再将另一条密封圈按照相同的方法装入密封槽中。 (8)将齿圈套入中间行星齿轮组,安装卡簧进行卡止,并进行润滑。 (9)把K3与后太阳轮总成用旋转的方式套入。 (10)在K3中将中间行星架套入输出轴。 (11)将后太阳轮总成与K3毂一并放入输出轴,并安装到位。 (12)放入垫片,滚柱轴承,安装垫片。 (13)安装卡簧:用卡簧钳撑开卡簧,放进卡簧槽内。 (14)将新的塑料开口环套好。 (15)将滚珠轴承安装于输出轴与输入轴之间	□按照技术标准装配 □注意轻拿轻放,不要暴力安装 □按照"8S"整理
16.总成的组装	(1)将液力变矩器壳体用螺栓固定在安装架上。 (2)对机油泵卡槽涂抹润滑油。 (3)将机油泵安装到位。 (4)反转安装架,放上垫片,放上B1并压实。 (5)安装螺栓紧固B1与机油泵,并用扭力扳手拧至标准扭力。 (6)润滑开口环,放入K1,再放入B3(放入B3时要对准标记位置)。	□按照技术标准装配 □注意轻拿轻放,不要暴力组装

续上表

步骤	操作方法及说明	质量标准及记录
16.总成的组装	(7)放入K1连接毂,放入滚珠轴承。 (8)放入输入轴总成,放入轴承及垫片,再放入输出轴总成。 (9)将已经安装好的P挡锁以及BR(用卡簧卡紧)一并用扭力扳手(17N)将螺栓(2个)拧紧。 (10)将变速器壳体套在已拼装好的变速器行星架总成上,并用螺栓(2个)固定两侧。 (11)将变速器从架子上抬下至平面,将剩余液力变矩器壳中的螺栓拧紧(所有螺栓都要用胶水涂抹螺栓根部后再拧入),最后用扭力扳手进行拧紧(先对角拧紧,再拧紧第二遍,目的是避免出现未进行拧紧操作的螺栓)。 (12)接下来安装P挡锁卡扣,并用螺栓拧紧。 (13)安装变速器阀体时,要注意手推杆要卡在P挡锁的限位凸起处。 ①按压阀体至合适位置。 ②螺栓紧固,扭力为9N。 (14)安装机油滤清器。 (15)把新的胶圈套在油底壳上。 (16)安装变速器壳体,用扭力扳手进行螺栓拧紧。 ①从中间向两边安装,并预紧。 ②先将每个螺栓旋转90°,随后再次将每个螺栓旋转90°,以确保操作完整无误。 (17)装配变速器后部凸缘,拧紧螺栓后要敲击螺母使其变形。 (18)调转变速器位置,将液力变矩器推入变矩器壳体中(注意:此时变矩器壳体中必须有足够的变速器油)	□按照"8S"整理

四、评价反馈(表1-13)

评价表　　　　　　　　　　　　　　　　　　　　表1-13

评分项目	评分标准	分值(分)	得分(分)
学习目标	能明确本任务的知识目标、技能目标、素养目标,理解任务在工作中的重要程度	5	
工作任务分析	能清晰地描述本次工作任务的内容	2	
	能清晰地描述完成本次工作任务的必备技能与知识点	2	
有效信息获取	能查阅资料,准确填写本次实训车辆的基本信息	5	

续上表

评分项目	评分标准	分值(分)	得分(分)
有效信息获取	能识读整车检查维护单,准确填写整车外部检查的作业项目、作业内容	5	
	能查阅资料,填写汽车传动异响的常见故障	5	
	能查阅资料,正确识别并填写自动变速器的问题类型	5	
实施方案制订	能清晰地制订并填写本次自动变速器的检查与更换准备作业计划	5	
	能组织或协同工作小组成员,明确本次任务所需的仪器设备、工具、材料,并准备记录	5	
	能组织或协同工作小组成员进行交流,优化检查方案,并记录	5	
任务实施	能规范地进行作业前现场环境检查,并记录	4	
	能检查并规范穿戴个人防护用具,并记录	4	
	能规范进行自动变速器的拆卸,并记录	10	
	能规范进行自动变速器的检测,并记录	10	
	能规范进行自动变速器的装配,并记录	10	
任务评价	通过本次任务实施,结合自己在实训过程中的表现,进行自我评价及自我反思,并记录	5	
职业素养	能按规定时间完成项目作业	2	
	能遵守实训室管理规定和劳动纪律	2	
	能积极参与课堂活动和回答问题	2	
	能按时出勤	2	
思政要求	爱岗敬业、尊重教师、团结同学,按文明生产规则进行操作,做好交流沟通,展示良好的工匠精神和职业素养	5	
总计		100	

改进建议:

教师签字:
日期:

学习活动 4 万向传动装置的检查与更换

 一、明确任务

根据任务描述,学生领取汽车维修任务后,通过阅读维修工单,明确任务要求,查阅维修手册,确定作业方案;然后在规定工期内对万向传动装置进行检查与更换,使其恢复正常使用性能。

 二、工作准备与计划制订

(一)知识准备

1. 万向传动装置的功用

万向传动装置的作用是连接不在同一直线上的变速器输出轴和主减速器_____,并保证在两轴之间的夹角和距离经常变化的情况下,仍能可靠地传递动力。

2. 万向传动装置的组成

万向传动装置一般由_____和传动轴组成,对于传动距离较远的分段式传动轴,为了提高传动轴的刚度,还设置有中间支承。

3. 万向传动装置的应用

(1)变速器(或分动器)与驱动桥之间的传动。

(2)越野汽车变速器与分动器之间的传动。

(3)断开式驱动桥的半轴之间的传动。

(4)汽车转向驱动桥的内、外半轴之间的传动。

(5)某些汽车的转向轴与转向器之间的传动。

4. 万向节的组成和分类

万向节由套筒、十字轴、传动轴叉、卡环、轴承、万向节叉组成,如图 1-20 所示。

汽车上使用的万向节可以从不同的角度分类。按其刚度大小,可分为_____和柔性万向节。刚性万向节按速度特性又分为不等速万向节(常用的为十字轴式)、_____(包括双联式和三销轴式)和等速万向节(包括球叉式和球笼式)。目前,在汽车上应用较多的是_____和等速万向节。十字轴式刚性万向节主要用于发动机前置后轮驱动的变速器与驱动桥之间的连接;等速万向节主要用于发动机前置前轮驱动的内、外半轴之间的连接。

万向节

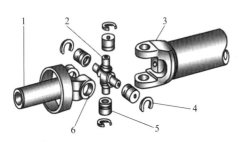

图1-20 万向节
1-套筒；2-十字轴；3-传动轴叉；4-卡环；5-轴承；6-万向节叉

5. 等速万向节

等速万向节的基本原理是从结构上保证万向节在工作过程中,其传力点永远位于两轴交点的平分面上。球笼式等速万向节由6个钢球、_____、_____和_____等组成,如图1-21所示。球笼式万向节按其内、外滚道结构不同,又分为RF型球笼式万向节、VL型球笼式万向节及球笼式双补偿万向节。球叉式等速万向节由主动叉、_____、4个传动钢球、中心钢球、_____、锁止销组成。

a) 固定型球笼式等速万向节　　b) 实物图

图1-21 球笼式等速万向节

6. 传动轴的功用

传动轴是万向传动装置中的主要传力部件,通常用来连接变速器(或分动器)和_____,在转向驱动桥和断开式驱动桥中,则用来连接差速器和驱动轮,此时传动轴分成左、右两半,因此也称为_____。

7. 传动轴的构造

传动轴有实心轴和_____之分。为了减小传动轴的质量,节省材料,提高轴的强度、刚度,传动轴多为空心轴,一般用厚度为1.5~3.0mm的薄钢板卷焊而成,超重型货车则直接采用无缝钢管,传动轴构造如图1-22所示。

传动轴组成

8. 传动轴与中间支承

传动轴分段时需加_____,中间支承通常装在车架横梁上,由橡胶弹性元件、轴承等组成。由于蜂窝形橡胶垫具有弹性,因此中间支承可补偿传动轴轴向和角度方向的_____,以及汽车行驶过程中发动机窜动和车架变形引起的位移,如图1-23所示。

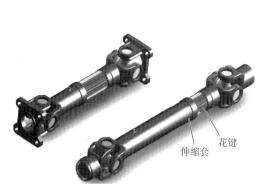
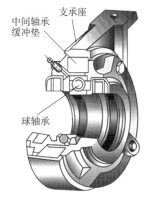

图 1-22　传动轴　　　　　　　图 1-23　中间支承

(二)制订工作方案

1. 任务分工(表 1-14)

学生任务分配表　　　　　　　表 1-14

班级		组号		指导老师	
组长		任务分工			
组员 1		任务分工			
组员 2		任务分工			
组员 3		任务分工			
组员 4		任务分工			
组员 5		任务分工			
组员 6		任务分工			

2. 工量具、仪器设备与耗材准备

(1)使用的工量具有：_____。

(2)使用的仪器设备有：_____。

(3)使用的耗材有：_____。

3. 具体方案描述

三、计划实施

(一)安全注意事项及技能要点

1. 安全注意事项

(1)不准赤脚或穿拖鞋、高跟鞋和裙子上课,留长发者要戴工作帽。

(2)上课时要集中精神,不准说笑、打闹。

(3)进入汽车实训场地后,未经老师批准,不得动用实训车上的各项设备。

(4)正确使用举升机和工具。

(5)清洗球笼时,应注意做好防火措施,加强安全操作。

(6)用撬杆分离下摇臂和转向节时,应注意安全。

(7)实习结束后,整理清洁工具并清理场地。

2. 技能要点

(1)按照正确、规范的步骤对传动半轴总成(含万向传动装置)进行拆装。

(2)按照正确、规范的步骤对万向传动装置主要零部件进行检修。

(二)万向传动装置的检查与更换

1. 传动半轴总成(含万向传动装置)的拆装(表1-15)

传动半轴总成(含万向传动装置)的拆装操作方法及说明　　表1-15

步骤	操作方法及说明	质量标准及记录
1.传动半轴总成的拆卸	(1)对角旋松车轮的固定螺栓,举升车辆,使车轮离地1m左右(一般与维修人员的腰平齐),旋下车轮的4个固定螺栓,拆下车轮。 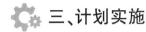 (2)将一字螺丝刀插入制动盘散热孔内,限制传动轴转动,旋下传动轴凸缘的6个固定螺栓。	□车辆举升到位,锁止举升支臂 □按照规范步骤进行拆卸

续上表

步骤	操作方法及说明	质量标准及记录
1. 传动半轴总成的拆卸	 （3）旋下下摇臂球头销定位螺栓的螺母，取出下摇臂球头销定位螺栓。 （4）使用撬杆向下压下摇臂，使下摇臂球头与减振器下支架分离。 （5）将外传动轴从车轮轴承壳内拉出。 	□正确选用工具进行拆卸 □按照规范步骤进行拆卸

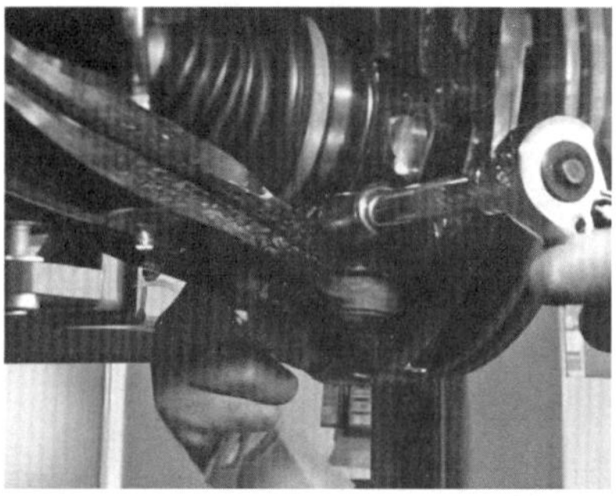

续上表

步骤	操作方法及说明	质量标准及记录
1.传动半轴总成的拆卸	(6)取下传动轴总成 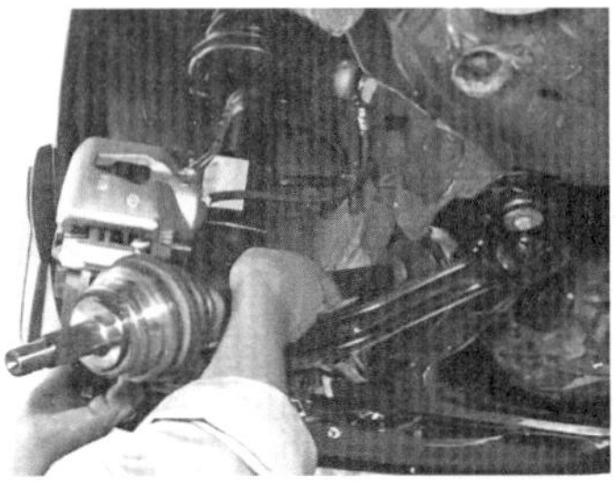	□按照"8S"整理
2.传动半轴总成的安装	(1)将传动轴外万向节花键轴装入轮毂轴孔内。	□装入轮毂轴孔时注意角度
	(2)将下摇臂球头销装入减振器下支架。	□按照规范步骤进行安装
	(3)安装下摇臂球头销定位螺栓、螺母。	
	(4)旋紧下摇臂球头销定位螺栓的螺母,旋紧力矩为50N·m。	□正确选用工具旋紧螺母

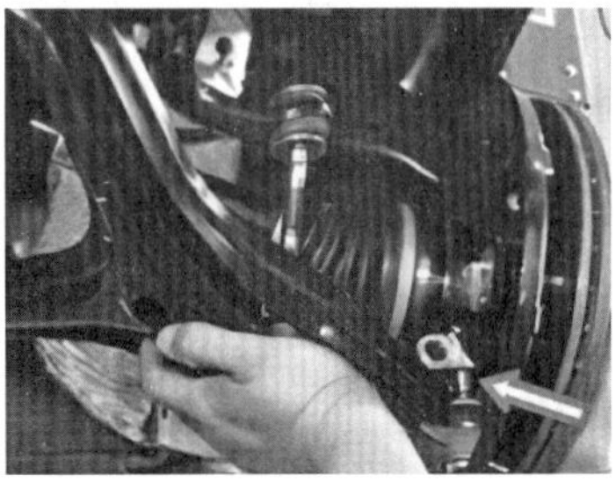

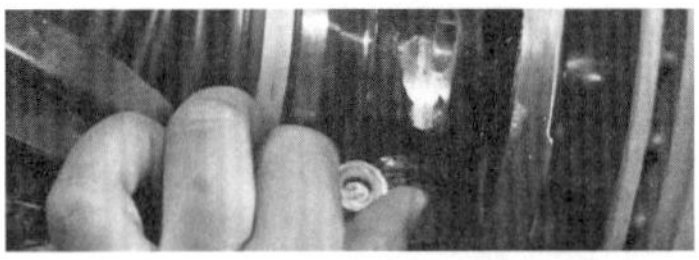

续上表

步骤	操作方法及说明	质量标准及记录
2.传动半轴总成的安装	(5)装入轴承垫圈,旋上传动轴与轮毂的紧固螺母。  (6)旋上传动轴凸缘的6个固定螺栓。  (7)将一字螺丝刀插入制动盘散热孔内。限制传动轴转动,旋紧传动轴凸缘的6个固定螺栓,旋紧力矩为40N·m。  (8)安装车轮,旋上车轮固定螺栓。 (9)将车辆下降至车轮着地,旋紧传动轴与轮毂的固定螺母,旋紧力矩为230N·m。 	□注意对角安装螺栓,分3次拧紧固定螺栓 □正确选用工具旋紧固定螺栓 □注意对角安装固定螺栓

续上表

步骤	操作方法及说明	质量标准及记录
2.传动半轴总成的安装	(10)对角旋紧车轮的固定螺栓,旋紧力矩为110N·m	□正确选用工具旋紧固定螺栓 □按照"8S"整理

2. 万向传动装置主要零部件的检修(表1-16)

万向传动装置主要零部件的检修操作方法及说明　　　　　表1-16

步骤	操作方法及说明	质量标准及记录
1.传动轴的检修	传动轴的主要损伤形式有弯曲、凹陷、裂纹等。主要检修以下几个方面: (1)传动轴轴管不得有裂纹及严重的凹瘪,否则应更换传动轴。 (2)检查传动轴弯曲程度,用"V"形铁水平架起传动轴并旋转,用百分表在轴的中间部位测量。径向全跳动公差应符合规定值,否则应校正或更换传动轴。 (3)检查中间传动轴支承轴颈的径向圆跳动公差,应不超过0.10mm,否则应镀铬修复或更换。 (4)检查传动轴花键与滑动叉花键、凸缘叉与所配合花键的间隙:轿车的间隙应不大于0.15mm,其他类型汽车的间隙应不大于0.30mm,装配后应能滑动自如。若超差,则应更换传动轴或滑动叉	□注意规定轿车传动轴径向全跳动公差应比表中相应减小0.2mm □按照规范步骤进行检查

续上表

步骤	操作方法及说明	质量标准及记录
1.传动轴的检修	传动轴轴管的径向圆跳动公差如下： | 轴长（mm）	<600	600～1000	>1000 | |---|---|---|---|
径向圆跳动公差（mm）	0.6	0.8	1.0		□按照"8S"整理
2.万向节叉、十字轴及轴承的检修	（1）检查万向节叉和十字轴，不得有裂纹，否则应更换。 （2）检查滚针轴承，若油封失效、滚针断裂、轴承内圈有疲劳剥落，则应更换。 （3）检查十字轴颈表面，若有疲劳剥落、磨损沟槽或滚针压痕深度在0.10mm以上，则应更换。 （4）检查十字轴与轴承的最小配合间隙是否符合原厂规定。 （5）检查十字轴轴承装入万向节叉后的松旷程度和轴向间隙：剖分式轴承孔为0.10～0.50mm，整体式轴承孔为0.02～0.25mm，轿车为0～0.05mm	□按照规范步骤进行检查 □正确使用百分表和垫块进行检查 □按照"8S"整理
3.中间支承的检修	（1）拆下中间支承前，可以在中间支承周围摇动传动轴，检查中间支承轴承的松旷程度；分解后，可进一步检查轴承的轴向和径向间隙是否符合原厂规定。中间支承经使用磨损后，需及时检查和调整，以恢复其良好的技术状况。 （2）检查中间支承轴承，若旋转不灵活，则应更换；检查油封和橡胶衬垫，若损坏，则应更换	□正确选用工具进行拆卸 □按照"8S"整理

续上表

步骤	操作方法及说明	质量标准及记录
4.传动轴防尘罩的检查	检查传动轴防尘罩是否存在泄漏、脱落、破损或者其他损坏情况 	□注意检查车轮侧和差速器侧 □按照"8S"整理

四、评价反馈（表1-17）

评价表　　　　　　　　　　　　　　　　　　　表1-17

评分项目	评分标准	分值(分)	得分(分)
学习目标	能明确本任务的知识目标、技能目标、素养目标，理解任务在工作中的重要程度	5	
工作任务分析	能清晰地描述本次工作任务的内容	2	
	能清晰地描述完成本次工作任务的必备技能与知识点	2	
有效信息获取	能查阅资料，准确填写本次实训车辆的基本信息	5	
	能识读整车检查维护单，准确填写整车外部检查的作业项目、作业内容	5	
	能查阅资料，填写汽车传动异响的常见故障	5	
	能查阅资料，正确识别并填写万向传动装置的问题类型	5	
实施方案制订	能清晰地制订并填写本次万向传动装置的检查与更换的准备作业计划	5	
	能组织或协同工作小组成员，明确本次任务所需的仪器设备、工具、材料，并准备记录	5	
	能组织或协同工作小组成员进行交流，优化检查方案，并记录	5	
任务实施	能规范地进行作业前现场环境检查，并记录	5	

续上表

评分项目	评分标准	分值(分)	得分(分)
任务实施	能检查并规范穿戴个人防护用具,并记录	5	
	能规范进行传动半轴总成的拆卸,并记录	5	
	能规范进行传动半轴总成的安装,并记录	5	
	能规范进行传动轴的检修,并记录	5	
	能规范进行万向节叉、十字轴及轴承的检修,并记录	5	
	能规范进行中间支承的检修,并记录	5	
	能规范进行传动轴防尘罩的检查,并记录	5	
任务评价	通过本次任务实施,结合自己在实训过程中的表现,进行自我评价及自我反思,并记录	3	
职业素养	能按规定时间完成项目作业	2	
	能遵守实训室管理规定和劳动纪律	2	
	能积极参与课堂活动和回答问题	2	
	能按时出勤	2	
思政要求	爱岗敬业、尊重教师、团结同学,按文明生产规则进行操作,做好交流沟通,展示良好的工匠精神和职业素养	5	
总计		100	

改进建议:

教师签字:
日期:

学习活动 5　驱动桥的检查与更换

 一、明确任务

根据任务描述,学生领取汽车维修任务后,通过阅读维修工单,明确任务要求,查阅维修手册,确定作业方案;然后在规定工期内对驱动桥进行检查与更换,使其恢复正常使用性能。

二、工作准备与计划制订

(一)知识准备

1. 驱动桥的功用

驱动桥的功用是将_____输入的动力经降速增矩、改变动力传递方向后,分配到左、右_____,使汽车行驶,并允许左、右驱动轮以不同的速度旋转。

2. 驱动桥的性能要求

(1)主减速比应能保证汽车具有最佳的动力性和燃料经济性。

(2)外形尺寸尽可能小,以保证汽车具有充足的离地_____。

(3)具有足够的强度、合适的刚度,在各种条件下均具有较高的传动效率。

(4)应与悬架的导向机构有较好的配合度,若为转向驱动桥,还应与转向机构配合良好。

(5)结构应尽可能简单,方便进行拆装、调整等维修工作时。

3. 驱动桥的类型

按驱动轮与驱动桥壳的连接关系,驱动桥可以分为断开式驱动桥和_____。

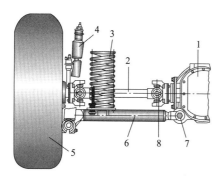

图1-24 断开式驱动桥
1-主减速器壳;2-半轴;3-弹性元件;4-减振器;
5-车轮;6-摆臂;7-摆臂轴;8-万向节

(1)断开式驱动桥。

断开式驱动桥由主减速器壳、半轴、弹性元件、减振器、车轮、摆臂、摆臂轴、万向节组成,如图1-24所示。

断开式驱动桥与_____配套使用。其主减速器固定在车架上,驱动桥壳分段并用_____连接,半轴也分段并用万向节连接。驱动桥两端分别用_____与车架(或车身)连接。这样,两侧的驱动轮和驱动桥壳可以彼此独立地相对于车架上下跳动。

(2)非断开式驱动桥。

非断开式驱动桥由轮毂、主减速器壳、_____、半轴套管、差速器、半轴组成,如图1-25所示。

非断开式驱动桥与非独立悬架配套使用。其驱动桥壳为一刚性的整体,驱动桥两端通过_____与车架连接,左、右半轴始终在一条直线上,即左、右驱动轮不能相互独立地跳动。当某一侧车轮通过地面的凸出物或凹坑而升高或下降时,整个驱动桥及车身都要随之发生倾斜,车身波动大。

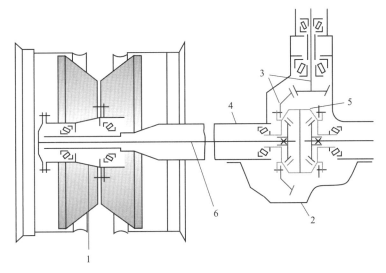

图 1-25 非断开式驱动桥
1-轮毂;2-主减速器壳;3-主减速器;4-半轴套管;5-差速器;6-半轴

4．驱动桥的组成

驱动桥由驱动桥壳、十字轴、半轴齿轮、_____、半轴和主减速器等组成,如图 1-26 所示。

5．主减速器

1) 主减速器的功用及类型

(1) 功用。

主减速器的功用是将输入的_____增大、转速减小,并将动力传递的方向改变后(有些横向布置发动机的除外)传给_____。

(2) 类型。

按参加传动的齿轮副数目,主减速器可分为单级式主减速器和_____。

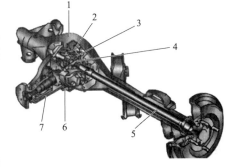

图 1-26 驱动桥
1-驱动桥壳;2-十字轴;3-半轴齿轮;4-差速器壳;5-半轴;6-主减速器从动齿轮;7-主减速器输入轴

有些重型汽车又将双级式主减速器的第二级圆柱齿轮传动设置在两侧驱动轮处,称为轮边减速器。

按传动比个数,主减速器可分为单速式主减速器和双速式主减速器。单速式的传动比是一个定值,而双速式则有两个传动比(即两条传动路线)供驾驶员选择。

按齿轮副结构形式,主减速器可分为圆柱齿轮式(又可分为定轴轮系和行星轮系)主减速器和_____(又可分为螺旋锥齿轮式和准双曲面锥齿轮式)主减速器。

2) 主减速器的构造及工作原理

主减速器由变速器前壳体、差速器壳、调整垫片 1、主动锥齿轮、变速器后壳体、双列圆锥滚子轴承、调整垫片 2、圆柱滚子轴承、从动锥齿轮、传动器盖、调整垫片 3、圆锥滚子轴承组成，如图 1-27 所示。

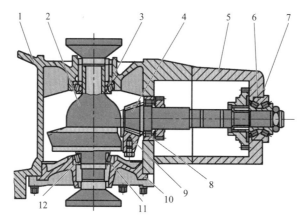

图 1-27　主减速器

1-变速器前壳体；2-差速器壳；3-调整垫片 1；4-主动锥齿轮；5-变速器后壳体；6-双列圆锥滚子轴承；7-调整垫片 2；8-圆柱滚子轴承；9-从动锥齿轮；10-传动器盖；11-调整垫片 3；12-圆锥滚子轴承

主减速器的工作原理是通过一对齿轮的啮合来实现_____和增大转矩。具体来说，主动齿轮（通常与传动轴相连）带动从动齿轮（通常与差速器相连）转动，由于主动齿轮的齿数比从动齿轮少，因此可以实现减速效果。同时，由于齿轮的啮合作用，从动齿轮的转矩会相应增大，从而满足车辆在不同行驶条件下的需求。

6. 差速器

1）差速器的功用及类型

（1）功用。

差速器的功用是将主减速器传来的动力传给左、右两_____，以不同转速旋转，以满足两侧_____差速的需要。

（2）类型。

差速器的类型按其工作特性可分为普通齿轮式差速器和_____两大类。

2）普通齿轮式差速器的构造

普通齿轮式差速器包括_____和圆柱齿轮式两种。锥齿轮式差速器结构简单、紧凑，工作平稳，因此目前应用最为广泛。

普通齿轮式差速器由轴承、差速器壳 1、半轴齿轮推力垫片、半轴齿轮、行星齿轮球面垫片、行星齿轮、主减速器从动齿轮、差速器壳 2、十字轴、螺栓组成，如图 1-28 所示。

3）防滑差速器的构造及工作原理

普通锥齿轮式差速器转矩等量分配的特性对汽车在好路面上行驶是有利的，但当汽车在坏路面上行驶时，其通过能力会受到严重影响。

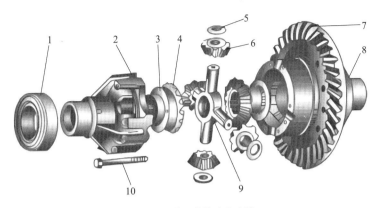

图1-28 普通齿轮式差速器

1-轴承;2-差速器壳1;3-半轴齿轮推力垫片;4-半轴齿轮;5-行星齿轮球面垫片;6-行星齿轮;7-主减速器从动齿轮;8-差速器壳2;9-十字轴;10-螺栓

由于差速器转矩等量分配的特性,附着力好的驱动轮也只能分配到同样小的转矩,以致于总的牵引力不足,难以克服行驶阻力,汽车便不能前进。

为了提高汽车通过坏路面的能力,可采用防滑差速器。当汽车某一侧驱动轮发生滑转时,差速器的差速作用即被锁止,并将大部分或全部转矩分配给未滑转的驱动轮,充分利用未滑转车轮与地面之间的附着力,产生足够的_____使汽车继续行驶。

汽车上常用的防滑差速器有人工强制锁止式和自锁式两大类,分别如图1-29和图1-30所示。

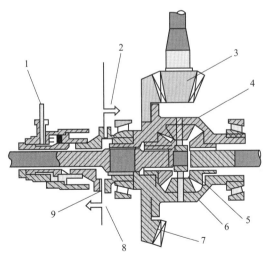

图1-29 人工强制锁止式防滑差速器

1-强制锁止拨叉;2-接合套右移(由强制锁止拨叉控制);3-主减速器主动齿轮;4-差速器壳;5-半轴齿轮;6-差速器行星齿轮;7-主减速器从动齿轮;8-接合套左移(由强制锁止拨叉控制);9-锁止接合套

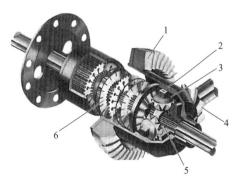

图1-30 自锁式防滑差速器

1-主减速器从动齿轮;2-差速器壳;3-差速器行星齿轮;4-主减速器主动齿轮;5-半轴齿轮;6-摩擦片

7.半轴与驱动桥壳

1)半轴的功用及构造

(1)功用。

半轴的功用是将差速器传来的动力传给驱动轮。因其传递的转矩较大,常制成实心轴。

(2)构造。

半轴的结构因驱动桥结构形式而异。非断开式驱动桥中的半轴为一刚性整轴,而转向驱动桥和断开式驱动桥中的半轴则分段并用万向节连接。

半轴内端一般制有外花键与半轴齿轮连接。

(3)支承形式。

现代汽车常采用_____和半浮式两种半轴支承形式。

全浮式半轴支承广泛应用于各型货车上。半浮式半轴结构简单,但半轴受力情况复杂且拆装不便,多用于反力、弯矩较小的各类轿车上。

全浮式半轴由轮毂螺栓、轮毂轴承1、轮毂、轮毂轴承2、油封、空心梁、半轴套管、调整螺母、油封、锁紧垫圈、锁紧螺母、半轴组成,如图1-31所示。

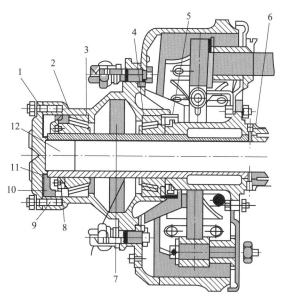

图1-31 全浮式半轴

1-轮毂螺栓;2-轮毂轴承1;3-轮毂;4-轮毂轴承2;5-油封;6-空心梁;7-半轴套管;8-调整螺母;9-油封;10-锁紧垫圈;11-锁紧螺母;12-半轴

半浮式半轴由轮毂锁紧螺母、半轴、轮毂、轴承1、差速器、轴承2组成,如图1-32所示。

2)驱动桥壳的功用及类型

(1)功用。

驱动桥壳既是传动系统的组成部分,也是行驶系统的组成部分。作为传动系统的组成部分,其功用是安装并保护主减速器、差速器和半轴;作为行驶系统的组成部分,其功用是安装悬架或轮毂,和从动桥一起支承汽车悬架以上各部分质量,承受驱动轮传来的反力和力矩,并在驱动轮与悬架之间传力。因此要求驱动桥壳应具有足够的强度和刚度,且质量小,便于主减速器的拆装和调整。

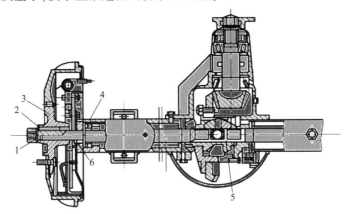

图 1-32　半浮式半轴

1-轮毂锁紧螺母;2-半轴;3-轮毂;4-轴承1;5-差速器;6-轴承2

(2)类型。

驱动桥壳可分为整体式驱动桥壳和_____驱动桥壳两种类型。

整体式驱动桥壳一般由空心梁、半轴套管、主减速器壳及后盖等组成,这种铸造的整体式驱动桥壳具有较大的强度和刚度,便于主减速器的拆装和调整。其缺点是质量大,铸造质量不易保证,适用于中型以上货车。

分段式驱动桥壳一般分为两段,它主要由主减速器壳、后盖以及两根钢制半轴套管组成。其最大的缺点是拆装和维修主减速器、差速器十分不便,必须把整个驱动桥从车上拆下来,现在已很少使用。

(二)制订工作方案

1. 任务分工(表 1-18)

学生任务分配表　　　　　　　表 1-18

班级		组号		指导老师	
组长		任务分工			
组员1		任务分工			
组员2		任务分工			
组员3		任务分工			
组员4		任务分工			
组员5		任务分工			
组员6		任务分工			

2. 工量具、仪器设备与耗材准备

(1)使用的工量具有：_____。

(2)使用的仪器设备有：_____。

(3)使用的耗材有：_____。

3. 具体方案描述

_____
_____
_____
_____
_____
_____

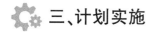 三、计划实施

(一)安全注意事项及技能要点

1. 安全注意事项

(1)不准赤脚或穿拖鞋、高跟鞋和裙子上课,留长发者要戴工作帽。

(2)上课时要集中精神,不准说笑、打闹。

(3)进入汽车实训场地后,未经老师批准,不得动用实训车上的各项设备。

(4)正确使用举升机和工具。

(5)在安装行星齿轮时,应防止行星齿轮夹伤手指。

(6)实习结束后,整理清洁工具并清理场地。

2. 技能要点

(1)按照正确、规范的步骤对驱动桥进行拆卸与安装。

(2)按照正确、规范的步骤对主减速器进行调整与检修。

(3)按照正确、规范的步骤对差速器进行装配与检修。

(二)驱动桥的检查与更换

1. 驱动桥的拆卸与安装(表1-19)

驱动桥的拆卸与安装操作方法及说明　　　　　表1-19

步骤	操作方法及说明	质量标准及记录
1.拆卸驱动桥	(1)在左半轴凸缘盘上拧上2个螺栓,将螺丝刀插入2个螺栓中间固定其中一个凸缘半轴,旋下另一半轴的固定螺栓。	□正确选用工具拆卸螺栓

续上表

步骤	操作方法及说明	质量标准及记录
1.拆卸驱动桥	 (2)拔出左、右半轴。 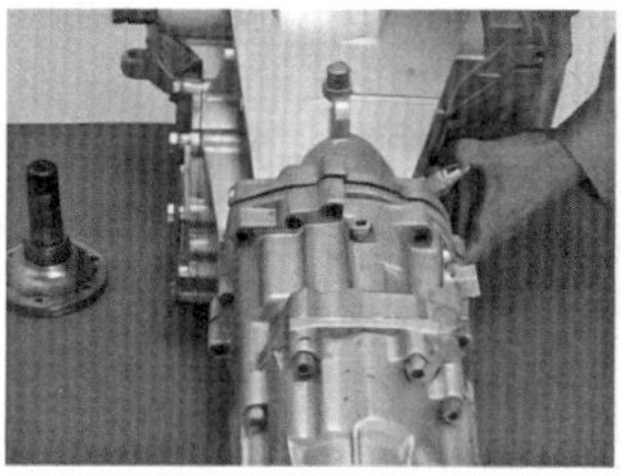 (3)拧下车速里程表从动齿轮螺栓。 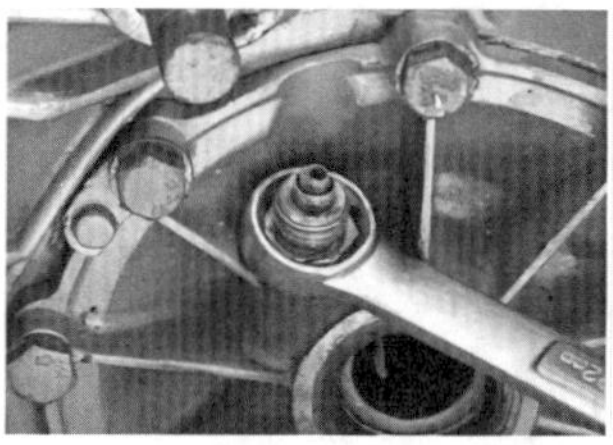 (4)取出从动齿轮。  (5)取出车速里程表从动齿轮。 	□按规范步骤进行拆卸 □正确选用拆卸工具

续上表

步骤	操作方法及说明	质量标准及记录
1. 拆卸驱动桥	(6) 对角旋松主减速器盖上的固定螺栓。 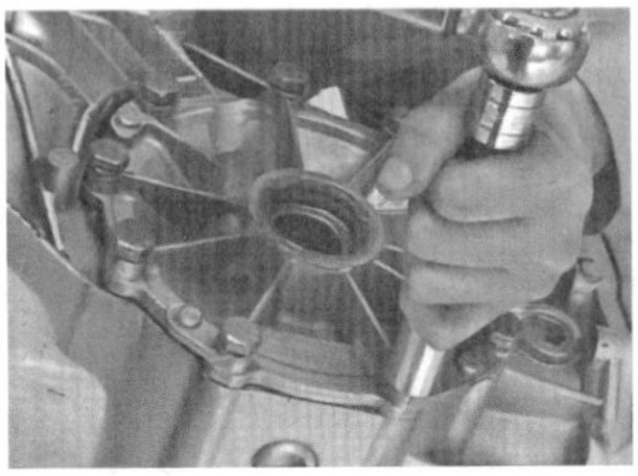 (7) 取下主减速器轴承盖。  (8) 将主减速器、差速器从变速器壳体中取出。  (9) 主减速器、差速器拆卸结束 	□注意对角卸力 □按照"8S"整理
2. 安装驱动桥	(1) 将主减速器、差速器总成装入变速器壳体中。 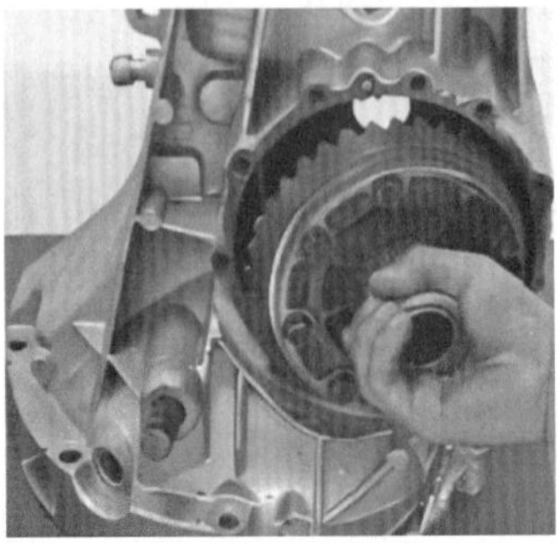	□按规范步骤进行安装

续上表

步骤	操作方法及说明	质量标准及记录
2.安装驱动桥	（2）将主减速器轴承盖螺栓孔对准变速器壳体螺栓孔，装在变速器壳体上。 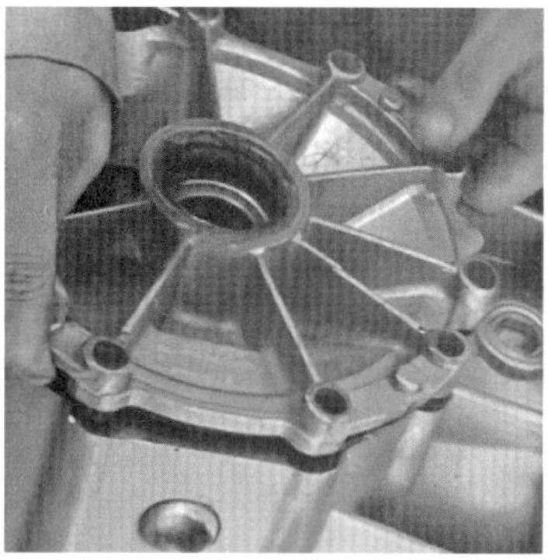 （3）对角旋上2个螺栓，以确保定位准确。 （4）将主减速器轴承盖敲入变速器壳体。 （5）用手旋上10个主减速器盖的固定螺栓。	□注意将主减速器轴承盖螺栓孔对准变速器壳体螺栓孔 □注意螺栓不要拧紧 □正确选用工具敲入

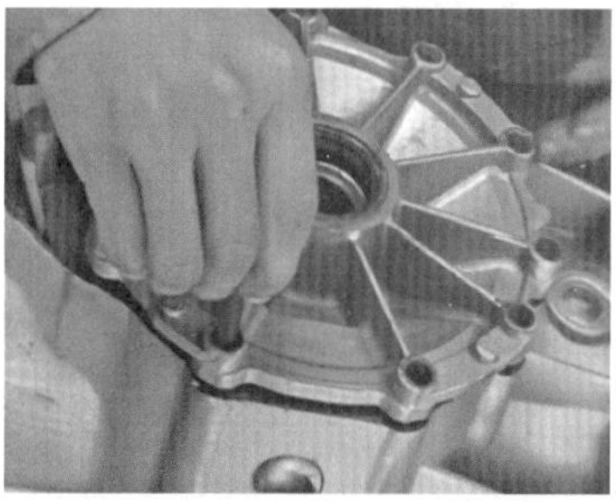

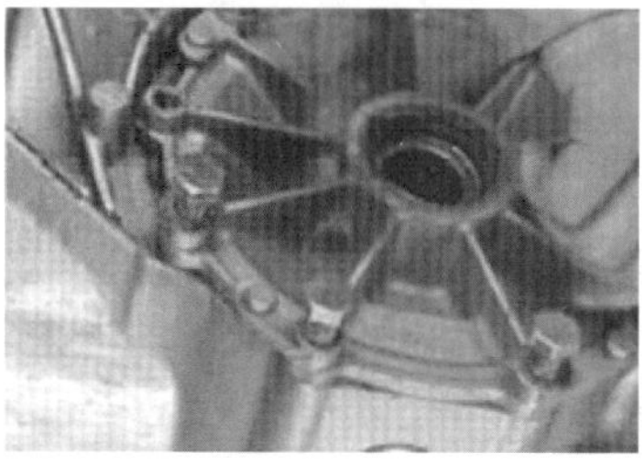

续上表

步骤	操作方法及说明	质量标准及记录
2. 安装驱动桥	(6)对角拧紧10个主减速器盖的固定螺栓,拧紧力矩为25N·m。 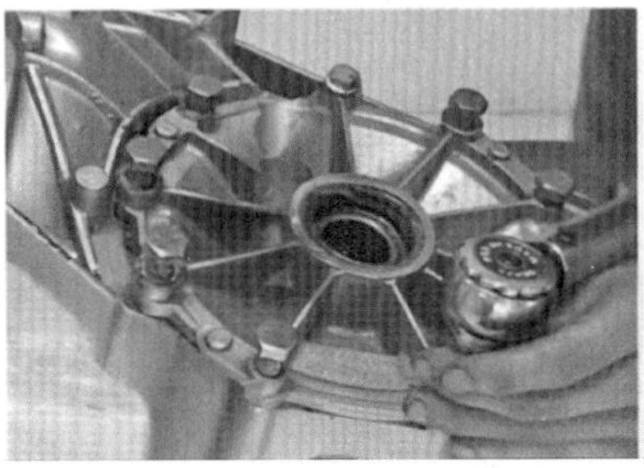	□注意正确选用工具对角拧紧
	(7)安装半轴,用手转动半轴齿轮,以确保半轴花键与半轴齿轮花键接合。 	□按规范步骤进行安装
	(8)用手旋入半轴的固定螺栓。 	
	(9)在左半轴凸缘盘上拧上2个螺栓,将螺丝刀插入2个螺栓中间,固定右半轴。 	□注意正确选用工具拧紧螺栓

续上表

步骤	操作方法及说明	质量标准及记录
2.安装驱动桥	(10)拧紧右半轴的固定螺栓,拧紧力矩为20N·m。  (11)在右半轴凸缘盘上拧上2个螺栓,将螺丝刀插入2个螺栓中间,固定左半轴。  (12)拧紧左半轴的固定螺栓,拧紧力矩为20N·m。  (13)安装车速里程表从动齿轮。 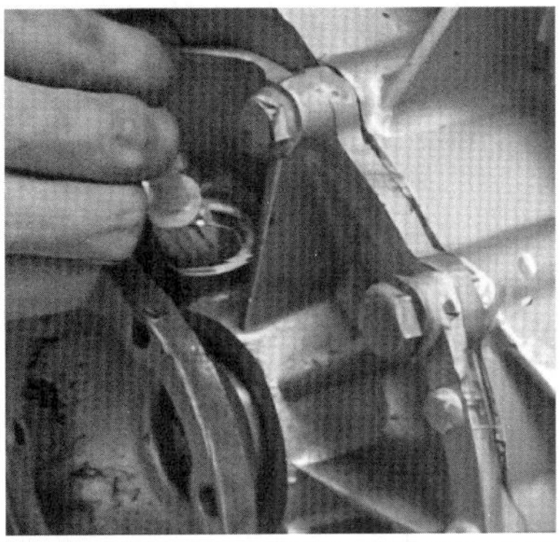	□注意正确选用工具拧紧螺栓 □按规范步骤进行安装

续上表

步骤	操作方法及说明	质量标准及记录
2.安装驱动桥	(14)用手旋上车速里程表从动齿轮螺栓。 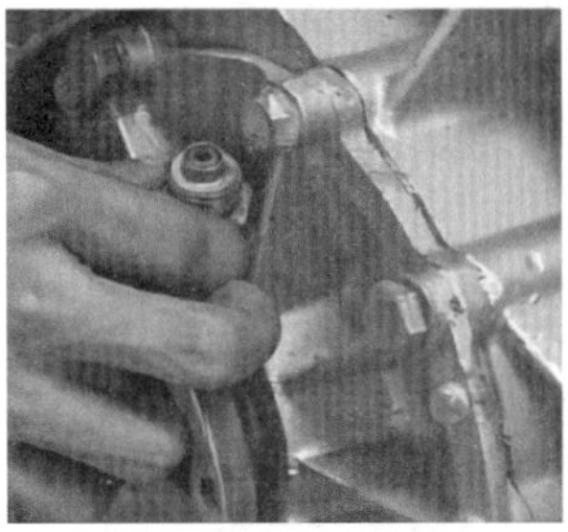 (15)拧紧车速里程表从动齿轮螺栓,拧紧力矩为20N·m。  (16)安装完毕 	□注意正确选用工具拧紧螺栓 □按照"8S"整理

2. 主减速器的调整与检修（表1-20）

主减速器的调整与检修操作方法及说明　　　　表1-20

步骤	操作方法及说明	质量标准及记录
1.主减速器的调整	(1)调整规则。 ①先调整轴承的预紧度,再调整啮合印痕,最后调整啮合间隙。 ②主、从动圆锥齿轮轴承的预紧度必须按原厂规定的数值和方法进行检查与调整,在主减速器的调整过程中,轴承的预紧度不得变更,应始终符合原厂规定数值。	□先调整轴承的预紧度,再调整啮合印痕,最后调整啮合间隙

续上表

步骤	操作方法及说明	质量标准及记录
1.主减速器的调整	③在保证啮合印痕合格的前提下,调整啮合间隙。啮合印痕、啮合间隙和啮合间隙的变化量都必须符合技术条件,否则应成对更换齿轮副。 ④对于准双曲线圆锥齿轮,往往移动主动圆锥齿轮调整啮合印痕,移动从动圆锥齿轮调整啮合间隙。 调整垫片　　调整螺母 ⑤为了保证齿轮啮合调整的正确性,对圆锥滚子轴承预紧度的调整必须在齿轮啮合调整之前进行,且当两者采用同一调整装置时,对齿轮啮合的调整应保持原已调整好的轴承预紧度不变。对齿轮啮合间隙进行调整,为保证已调整好的轴承预紧度不变,一端螺母的拧入圈数应等于另一端螺母的退出圈数。 (2)轴承预紧度的调整。 ①主减速器主、从动圆锥齿轮的支承对其能否正常工作至关重要。其原因一是主动齿轮采用圆锥齿轮,而圆锥齿轮在传动中对啮合的精度要求很高;二是主减速器圆锥齿轮副在工作中会产生轴向力。 ②装配时,先给轴承一定的预紧度,形成相当的预紧应力,有利于加强主动圆锥齿轮的刚度,提高齿轮在工作中的自动定心能力,抑制齿轮的径向抖动和轴向窜动,保护润滑油膜,从而提高圆锥齿轮副的啮合精度,保证啮合间隙;通过改善圆锥齿轮副的啮合精度,减小齿轮工作过程中产生的磨损和传动噪声,从而延长圆锥齿轮副的使用寿命。 (3)主、从动圆锥齿轮啮合印痕与齿侧间隙的调整。 主、从动圆锥齿轮应沿齿长方向接触,其位置控制在轮齿的中部偏向小端。如果主、从动圆锥齿轮的啮合状况和齿侧间隙不符合要求,应按"大进从,小出从;顶进主,退出主"的方法调整,要注意保证齿侧间隙不得小于最小值	□按规范步骤调整 □按规范步骤调整 □按照"8S"整理

续上表

步骤	操作方法及说明	质量标准及记录
2. 主减速器的检修	（1）壳体应无裂损，各部位螺纹的损伤不得多于2牙，否则应更换。 （2）差速器左、右轴承孔同轴度公差为0.10mm。 （3）圆柱主动齿轮轴承（或侧盖）承孔轴线及差速器轴承承孔轴线对减速器壳前端面的平行度公差：当轴线长度大于200mm时，其值为0.12mm；当轴线长度小于或等于200mm时，其值为0.10mm。 （4）主减速器壳纵轴线对横轴线的垂直度公差：当纵轴线长度大于300mm时，其值为0.16mm；当纵轴线长度小于或等于300mm时，其值为0.12mm；纵、横轴线应位于同一平面（双曲线齿轮结构除外），其位置度公差为0.08mm。 （5）主减速器壳与侧盖的配合及圆柱主动齿轮轴承与减速器壳（或侧盖）的配合应符合原厂规定	□按规范步骤检修 □选用正确工具测量公差 □正确使用弹簧测力计 □按照"8S"整理

3. 差速器的装配与检修（表1-21）

差速器的装配与检修操作方法及说明　　　　　　　　　　表1-21

步骤	操作方法及说明	质量标准及记录
1. 差速器的装配	（1）安装差速器轴承。 安装差速器轴承内圆时，应用压力机平稳地压入，不得用手锤敲击，以免损伤轴承的工作表面或刮伤轴颈表面，破坏配合度。 （2）安装齿轮。 ①在与行星齿轮和半轴齿轮配合的工作表面上涂上机油，先装入垫片和半轴齿轮，然后装入已装好行星齿轮及垫片的十字轴，并使行星齿轮与半轴齿轮啮合。 ②在行星齿轮上装入另一侧半轴齿轮及垫片，加装另一侧的差速器壳，装入另一侧壳体时应使两侧壳体上的位置标记对正，以免破坏齿轮副的正常啮合。	□按规范步骤进行装配 □注意先装入垫片和半轴齿轮，然后装入已装好行星齿轮及垫片的十字轴，并使行星齿轮与半轴齿轮啮合

续上表

步骤	操作方法及说明	质量标准及记录
1. 差速器的装配	（3）从动齿轮的安装和差速器的装合。 将主减速器从动齿轮装在差速器壳体上，将固定螺栓按规定方向穿过壳体，套入垫片，用规定力矩交替拧紧螺母，锁死锁片	□正确选用工具拧紧螺栓 □按照"8S"整理
2. 差速器的检修	（1）若差速器壳产生裂纹，则应更换。 （2）差速器壳与行星齿轮、半轴齿轮垫片的接触面应光滑、无沟槽。若有小的沟槽，可用砂纸打磨，并更换新半轴齿轮垫片。 （3）行星齿轮、半轴齿轮不得有裂纹，工作表面不得有明显斑点、脱落、缺损。 （4）差速器壳体与轴承、差速器壳与行星齿轮轴的配合应符合原厂规定。 （5）轴承的钢球（或柱）和滚道上不得有伤痕、剥落、严重黑斑或烧损变色等缺陷，否则应更换。 （6）轴承架不得有缺口、裂纹、铆钉松动或钢球（或柱）脱出等现象，否则应更换	□按规范步骤检修 □注意行星齿轮、半轴齿轮不得有裂纹，工作表面不得有明显斑点、脱落、缺损 □按照"8S"整理

四、评价反馈(表1-22)

评价表 表1-22

评分项目	评分标准	分值(分)	得分(分)
学习目标	能明确本任务的知识目标、技能目标、素养目标,理解任务在工作中的重要程度	5	
工作任务分析	能清晰地描述本次工作任务的内容	2	
	能清晰地描述完成本次工作任务的必备技能与知识点	2	
有效信息获取	能查阅资料,准确填写本次实训车辆的基本信息	5	
	能识读整车检查维护单,准确填写整车外部检查的作业项目、作业内容	5	
	能查阅资料,填写汽车传动异响的常见故障	5	
	能查阅资料,正确识别并填写驱动桥的问题类型	5	
实施方案制订	能清晰地制订并填写本次驱动桥的检查与更换的准备作业计划	5	
	能组织或协同工作小组成员,明确本次任务所需的仪器设备、工具、材料,并准备记录	5	
	能组织或协同工作小组成员进行交流,优化检查方案,并记录	5	
任务实施	能规范地进行作业前现场环境检查,并记录	5	
	能检查并规范穿戴个人防护用具,并记录	5	
	能规范进行驱动桥的拆卸,并记录	5	
	能规范进行驱动桥的安装,并记录	5	
	能规范进行主减速器的调整,并记录	5	
	能规范进行主减速器的检修,并记录	5	
	能规范进行差速器的装配,并记录	5	
	能规范进行差速器的检修,并记录	5	
任务评价	通过本次任务实施,结合自己在实训过程中的表现,进行自我评价及自我反思,并记录	3	
职业素养	能按规定时间完成项目作业	2	
	能遵守实训室管理规定和劳动纪律	2	
	能积极参与课堂活动和回答问题	2	
	能按时出勤	2	

续上表

评分项目	评分标准	分值(分)	得分(分)
思政要求	爱岗敬业、尊重教师、团结同学,按文明生产规则进行操作,做好交流沟通,展示良好的工匠精神和职业素养	5	
总计		100	

改进建议:

教师签字:
日期:

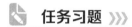 任务习题

1. 单选题

(1)摩擦式离合器由( )、从动部分、压紧装置、分离机构和操纵机构五部分组成。

  A. 分开装置 B. 主动部分 C. 转动部分 D. 变速器

(2)下列有关离合器的传动顺序正确的是( )。

  A. 飞轮→离合器壳→压盘→从动盘→变速器输入轴

  B. 飞轮→压盘→离合器壳→从动盘→变速器输入轴

  C. 飞轮→从动盘→压盘→变速器输入轴

  D. 飞轮→离合器壳→从动盘→压盘→变速器入轴

(3)使用变速器( )时,即使离合器接合,发动机动力也不能传给驱动轮。

  A. 一挡 B. 倒挡 C. 空挡 D. 超速挡

(4)为了保证变速器在任何情况下都能准确、安全、可靠地工作,手动变速器操纵机构一般都具有换挡锁装置,包括( )装置、互锁装置和倒挡锁装置。

  A. 安全锁 B. 防盗锁 C. 同步锁 D. 自锁

(5)十字轴式刚性不等速万向节,当主动轴转过一周时,从动轴转过( )。

  A. 一周 B. 小于一周 C. 大于一周 D. 不一定

(6)汽车转弯行驶时,差速器中的行星齿轮( )。

  A. 只有自转,没有公转 B. 只有公转,没有自转

  C. 既有公转,又有自转 D. 不转

(7)驱动桥主减速器的功用是改变传动方向,降低转速和( )。

  A. 产生离地间隙 B. 产生减速比 C. 增大转矩 D. 减小转矩

(8)全浮式半轴承受( )的作用。
　　A.转矩　　　　　　B.弯矩　　　　　　C.反力　　　　　　D.A、B、C均可
(9)自动变速器的齿轮变速机构主要有( )和( )两种。
　　A.行星齿轮变速机构　　　　　　B.平行轴齿轮变速机构
　　C.差速机构　　　　　　　　　　D.电子控制装置
(10)自动变速器由液力变矩器、( )、液压控制装置、电子控制装置组成。
　　A.行星齿轮变速机构　　　　　　B.换挡机构
　　C.制动机构　　　　　　　　　　D.传动机构

2. 判断题

(1)用钢直尺和塞尺测量离合器压盘平面度应不超过2.00mm。　　　　　　　(　)
(2)离合器踏板的高度等于自由行程和工作行程之和。　　　　　　　　　　(　)
(3)变速器在换挡时,为避免同时挂入两挡,必须装设互锁装置。　　　　　　(　)
(4)锁环式同步器的锁环的作用是在同步之前对接合套进行锁止,不得进入啮合;其内锥面上制有螺纹,是为了储存润滑油,以加强摩擦锥面之间的润滑。　　(　)
(5)刚性万向节是靠零件的铰链式连接来传递动力的,而挠性万向节则是靠弹性零件来传递动力的。　　　　　　　　　　　　　　　　　　　　　　　　(　)
(6)十字轴上安全阀的作用是保护油封不致因油压过高而被破坏。　　　　　(　)
(7)一般说来,当传动轴的叉形凸缘位于驱动桥壳中剖面的下部时,驱动桥内的主减速器是螺旋锥齿轮式主减速器。　　　　　　　　　　　　　　　　　　(　)
(8)半浮式支承的半轴易于拆装,不需拆卸车轮就可将半轴抽下。　　　　　(　)
(9)液力式自动变速器是由液力变矩器和齿轮式有级变速器组成的液力机械式变速器,其传动比可在最大值和最小值之间的几个间断范围内作无级变化,目前应用较多。　　　　　　　　　　　　　　　　　　　　　　　　　　　　　　(　)
(10)液力式自动变速器的简称为CVT。　　　　　　　　　　　　　　　　(　)

3. 实操练习题

请按规范拆装大众双离合变速器(DSG)。

学习任务二

汽车转向沉重故障检修

学习目标

1. 知识目标

(1) 能描述转向系统的类型、组成、功用以及布置形式。

(2) 能说出转向系统各总成的功用及结构特点。

(3) 能分析转向系统各总成的工作原理。

2. 技能目标

(1) 能独立制订工作计划,并能按照维修手册流程使用正确的工具进行拆装。

(2) 能对典型动力转向系统进行拆装、调整和检修。

(3) 能掌握转向系统主要零部件的检修方法及常见故障的诊断和排除方法。

(4) 能检查、评估自身的工作业绩。

3. 素养目标

(1) 培养良好的工作态度和严谨的思维方式,以科学的态度对待科学。

(2) 培养绿色环保、节能降碳、垃圾分类处理、废弃物循环利用的环保意识。

(3) 培养节能降碳、绿色消费的价值观。

参考学时

60 学时。

任务描述

一辆汽车进厂维修,客户反映转动转向盘时感觉沉重。经班组长检查,判断为转向系统故障,需要进行检修。

学习活动 1 机械转向系统的检查与更换

一、明确任务

根据任务描述,学生领取汽车维修任务后,通过阅读维修工单,明确任务要求,查

阅维修手册,确定作业方案;然后在规定工期内对机械转向系统进行检查与更换,使其恢复正常使用性能。

二、工作准备与计划制订

(一)知识准备

1. 机械转向系统的功用

机械转向系统的功用是改变和保持汽车的行驶_____。

2. 机械转向系统的组成

机械转向系统由转向操纵机构、_____和转向传动机构三大部分组成。

(1)转向操纵机构:由转向盘、_____、万向节(上、下)、转向传动轴组成。

(2)转向器:其作用是增大由转向盘传到转向节的力并改变力的传递方向,获得所要求的摆动速度和_____。

(3)转向传动机构:由转向摇臂,转向直拉杆,转向节臂,左、右转向梯形臂和_____等机件组成。

3. 机械转向系统的类型

机械转向器按结构形式,可分为蜗杆指销式、循环球式和齿轮齿条式。

(1)蜗杆指销式转向器。

当前轮为非独立悬架时,蜗杆指销式转向器由_____、转向万向节1、转向传动轴、转向万向节2、转向轴、转向盘、右转向节、梯形臂1、_____、梯形臂2、左转向节、转向节臂、转向直拉杆、转向摇臂组成,如图2-1所示。

蜗杆指销式转向器

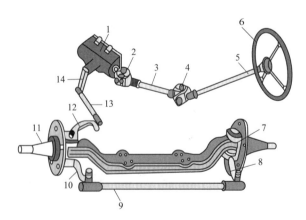

图2-1 蜗杆指销式转向器

1-转向器;2-转向万向节1;3-转向传动轴;4-转向万向节2;5-转向轴;6-转向盘;7-右转向节;8-梯形臂1;9-转向横拉杆;10-梯形臂2;11-左转向节;12-转向节臂;13-转向直拉杆;14-转向摇臂

蜗杆指销式转向器的工作原理:当汽车直线行驶时,两个指销位于蜗杆的两侧并与蜗杆的螺纹槽相啮合。当驾驶员需要转向时,转动转向盘和转向轴,_____会随之转动。嵌于蜗杆螺旋槽中的锥形指销在蜗杆转动时,一边自转,一边绕_____轴做圆弧运动。这种运动带动曲柄和转向垂臂摆动,进而通过转向传动机构使汽车的转向轮偏转,实现车辆的转向。

(2)循环球式转向器。

循环球式转向器主要由转向轴、球螺母齿条、蜗杆、转向垂臂轴、扇形齿、_____组成,如图2-2所示。

此外,循环球式转向器还包含两级传动副、_____装置等部件。该转向器的优点在于操纵轻便、磨损小、寿命长;缺点是结构相对复杂、成本较高,且转向灵敏度不如齿轮齿条式转向器。

循环球式转向器

(3)齿轮齿条式转向器。

齿轮齿条式转向器主要由储油罐、转向助力泵、_____、转向盘、转向柱、齿轮齿条转向机组成,如图2-3所示。

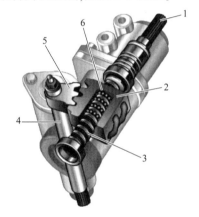

齿轮齿条式转向器

图2-2 循环球式转向器　　　图2-3 齿轮齿条式转向器
1-转向轴;2-球螺母齿条;3-蜗杆;4-转向垂臂轴;5-扇形齿;6-循环球轴承　　1-储油罐;2-转向助力泵;3-转向控制单元;4-转向盘;5-转向柱;6-齿轮齿条转向机

齿轮齿条式转向器的工作原理:当驾驶员转动转向盘时,转向轴带动_____旋转,转向齿轮与齿条啮合,使齿条做直线运动。齿条的动作通过转向器齿条端头和转向拉杆端头传递到转向节臂上,从而使车轮发生偏转,实现车辆的转向。

4.转向器的传动效率

(1)定义。

转向器的输出功率与输入功率的_____称为转向器的传动效率。

①正传动效率:由_____输入、转向摇臂输出的传动效率。

②逆传动效率:由_____输入、转向轴输出的传动效率。

(2)按传动效率分类。

转向器按传动效率可分为可逆式转向器、不可逆式转向器和极限可逆式转向器三种类型。

①可逆式转向器:逆效率高。转向结束后转向盘自动回正,可将路面阻力完全反馈到_____,路感好,但可能发生"打手"现象。

②不可逆式转向器:逆效率低。转向结束后转向盘不会自动回正,驾驶员丧失路感,无法根据_____调整转向盘转矩。

③极限可逆式转向器:逆效率略高于不可逆式转向器。转向结束后转向盘可自动回正,驾驶员可以获得一定的路感。该转向器应用较少,一般用于中型越野车或矿用自卸车中。

5. 机械转向系统的动力传递路线

机械转向系统的动力传递路线为:转向盘→转向柱→转向节→转向中间轴→转向器输入轴→齿轮齿条式转向器→转向杆系及转向节→转向轮(前轮)。

(二)制订工作方案

1. 任务分工(表2-1)

学生任务分配表　　　　　　　　　　　　　表2-1

班级		组号		指导老师	
组长		任务分工			
组员1		任务分工			
组员2		任务分工			
组员3		任务分工			
组员4		任务分工			
组员5		任务分工			
组员6		任务分工			

2. 工量具、仪器设备与耗材准备

(1)使用的工量具有:_____。

(2)使用的仪器设备有:_____。

(3)使用的耗材有:_____。

3. 具体方案描述

_____

_____

_____

_____

三、计划实施

(一)安全注意事项及技能要点

1. 安全注意事项
(1)不准赤脚或穿拖鞋、高跟鞋和裙子上课,留长发者要戴工作帽。
(2)上课时要集中精神,不准说笑、打闹。
(3)进入汽车实训场地后,未经老师批准,不得动用实训车上的各项设备。
(4)正确使用举升机和工具。
(5)实习结束后,整理清洁工具并清理场地。

2. 技能要点
(1)正确、规范地对齿轮齿条式转向器进行检修。
(2)正确、规范地对蜗杆指销式转向器进行检修。
(3)正确、规范地对循环球式转向器进行检修。

(二)机械转向系统的检查与更换

1. 齿轮齿条式转向器的检修(表2-2)

齿轮齿条式转向器的检修操作方法及说明　　　　表2-2

步骤	操作方法及说明	质量标准及记录
1.齿轮齿条式转向器的分解	(1)齿轮齿条式转向器分为机械式和动力式,其操纵机构略有区别。如上海桑塔纳LX型轿车采用的就是机械式转向器操纵机构。 (2)转向操纵机构的分解。 ①先按上转向盘中间盖板的橡胶边缘,再撬出盖板,然后拧下转向盘固定螺母,取出垫片,拔下喇叭线,用转向盘专用拉器拉下转向盘,严禁敲击取下,最后拆下组合开关,拧出3个平口螺钉,并用水泵钳拆下弹簧垫圈。 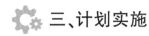 ②用冲子冲出阻风门把手上的弹簧销,旋出把手及环形螺母。	□按规范步骤进行分解 □分解时,应先断开蓄电池电源线,并使车轮处于直线行驶位置,此时转向灯开关处于中间位置 □正确使用工具进行分解,严禁暴力拆卸 □正确使用冲子

续上表

步骤	操作方法及说明	质量标准及记录
1. 齿轮齿条式转向器的分解	③拧下仪表板下饰板的固定螺钉,拆下下饰板,再从前围穿线板中向上拉出密封衬套,松开凸缘管与转向器主动齿轮间的夹箍,取出其所有螺栓。 ④旋出转向柱管左边的内六角螺栓,用标准钻头钻出右边的断开螺栓,然后将转向柱管、转向轴及转向盘锁圈等逐一拆下。 (3)转向器的分解。 先拆下转向减振器两端的连接螺栓,从转向器壳上拆下转向减振器,从转向齿条上拆下横拉杆支架,再拆下转向传动机构支架与齿条间的连接螺栓,使转向器与传动机构分离,并拆除转向器左、右凸缘与车身的连接螺栓、螺母,最后从车上取下转向器总成	□注意保护饰板的完整,按照规范步骤进行分解 □按照规范步骤进行分解 □按照"8S"整理

续上表

步骤	操作方法及说明	质量标准及记录
2. 主要零部件的检修	（1）转向操纵机构的检修。 用百分表检测转向柱的直线度误差是否不大于 0.01mm，若大于 0.01mm，应予以校正；检查接触环、弹簧、转向柱驱动销、橡胶衬套、塑料衬套及所有密封套橡胶支承环等，若发生老化、破裂、磨损严重等，一律更换新件。 （2）转向器的检修。 用检视法检查转向器外壳有无裂纹及磨损，主动齿轮与齿条是否运动灵活，转向器有无卡滞现象，若以上损伤无法修复，必须更换转向器总成；齿条密封罩及防尘套若发生老化、破损及补偿机构弹簧等失效，一律更换新件；自锁螺栓、螺母一经拆卸，必须更换新件，以确保转向装置安全、可靠。 （3）转向减振器的检修。 用检视法检查转向减振器有无漏油现象，检查其性能是否符合技术标准。上海桑塔纳 LX 型减振器的最大行程为 556mm，最小行程为 344.5mm，最大阻尼载荷为 560N，最小阻尼载荷为 180N，若不满足以上条件，则应更换新减振器总成；检查减振器两端衬套，若发生老化、破裂、损伤，应及时更换新件	□按照规范步骤检修 □发生老化、破裂、磨损严重等直接换新 □转向器各零部件不允许进行焊修或整形 □减振器衬套老化、破裂要及时换新 □按照"8S"整理
3. 转向器及其操纵机构的装配与调整	（1）安装转向盘时，车轮必须处于直线行驶位置上，转向灯开关应放在中间位置，以防分离爪通过接触环上的簧片时引起破损。 （2）将转向器凸缘盘推靠到主动齿轮上，不得留有间隙，用夹箍夹紧，不允许用手掰开夹箍的开口，安装时其开口应朝外。 （3）紧固转向柱管时，应先将断开螺栓拧至螺栓头，再拧紧圆柱螺栓。 （4）各螺栓、螺母应按规定力矩拧紧。 （5）齿轮齿条间隙的调整。 转向器一经拆卸，必须调整齿轮齿条间隙，调整方法是：将车轮着地并置于直线行驶位置，松开锁紧螺母，向里拧动调整螺钉，直至螺钉与垫圈挡块接触，此时，转向盘应处于间隙啮合状态，转动灵活。 （6）检查。 动力转向机构安装后，应加注自动变速器油，并检查系统的密封性，当发动机怠速运转时，油面应达到"MAX"处，在热车状态下，快速转动转向盘至左、右极限位置，使管路中产生最高压力，此时，油面不降低，则系统内无漏油现象	□按照规范步骤装配、调整 □正确选用工具按规定力矩拧紧螺栓 □按照规范步骤调整 □加注自动变速器油时，油面达到"MAX"处时要及时停止加注 □按照"8S"整理

2. 蜗杆指销式转向器的检修(表2-3)

蜗杆指销式转向器的检修操作方法及说明　　　　　　　　　　　　表2-3

步骤	操作方法及说明	质量标准及记录
1. 蜗杆指销式转向器的分解	(1) 拧下放油螺栓，放尽转向器中的润滑油。 (2) 用内六角扳手拧松摇臂轴调整螺钉的锁紧螺母，把调整螺钉逆时针旋转一周，拆下转向器侧盖上的双头螺栓。 (3) 拧下其余固定螺栓，取下侧盖。 (4) 用手抓住摇臂轴扇形块，用力拔出摇臂轴(如果拔不出来，可用木槌敲击摇臂轴输出端头)。 (5) 拧下转向器下盖的螺栓，取下垫圈及下盖，用铜锤或铜棒轻轻敲击蜗杆轴花键端部，取出蜗杆、轴承等。 (6) 松开转向器上盖的螺栓，取出垫片、推力轴承外圈和保持架等，分解后，对全部零件进行彻底清洗，清洗后分开放置，以备检测维修	□按照规范步骤分解 □用铜锤敲击时，要保持蜗杆垂直于轴承的位置，以防止碰伤轴承的保持架和油封刃口 □按照"8S"整理
2. 主要零部件的检修	(1) 壳体及盖的检修。 用敲击法及目视法检查壳体及盖有无裂损，若发现裂损无法修补，则更换新件，在平台上用塞尺检测壳体与盖的接合面的平面度误差，其值应不大于0.10mm，否则应进行修磨。壳体上两蜗杆轴承孔公共轴线与摇臂轴承孔公共轴线的垂直度误差应符合原厂技术标准，否则应进行修理或更换。 (2) 蜗杆的检修。 直观检查蜗杆滚道，若有轻微剥落或明显阶梯形磨损，用油石修磨后可继续使用；若磨损严重，剥落较大，则应更换新件。用磁力探伤法检查蜗杆，若有裂纹，则应更换新件。 (3) 蜗杆平面推力轴承的检修。 直观检查内、外滚道，若有金属剥落，磨损严重或保持架变形、有缺口的情况，则一律更换新件。检查轴承钢球，若有碎裂，可能从保持架上脱落，则一律更换新件。 (4) 用游标卡尺检测蜗杆与轴承的配合间隙，其配合间隙应不大于0.10mm，或符合原厂技术标准，否则可用电镀法进行修复或更换新件。 (5) 摇臂轴的检修。 用磁力探伤法检查摇臂轴，任何部位不得有裂纹，否则更换新件；检查摇臂轴端部花键，应无明显扭曲、变形，若发现有2齿以上扭曲、变形、损坏，一律更换新件。用外径千分尺检测油封轴颈的磨损，应不大于0.15mm。用百分表检测摇臂轴支承轴径的径向圆跳动，应不大于0.05mm，否则应进行修磨或更换新件。 (6) 摇臂轴主销、支承轴承的检修。 用目视法检查摇臂轴主销工作面有无金属剥落，若有剥落、严重偏磨或轴承挡片碎裂的情况，则应更换主销轴承总成。当摇臂轴主销装入滚道时，其距离应符合技术标准，并对主销轴承预紧度进行调整	□按照规范步骤检修 □正确使用塞尺测量误差 □若磨损严重，剥落较大，应换用新件 □更换轴承时注意：内、外圈保持架要成套更换 □正确使用游标卡尺测量 □正确使用外径千分尺、百分表测量 □按照规范步骤检修 □按照"8S"整理

续上表

步骤	操作方法及说明	质量标准及记录
3. 装配与调整	（1）装复壳内衬套和油封。 ①当换用新衬套时，用下图所示的芯棒，分别把衬套垂直压入壳体内。 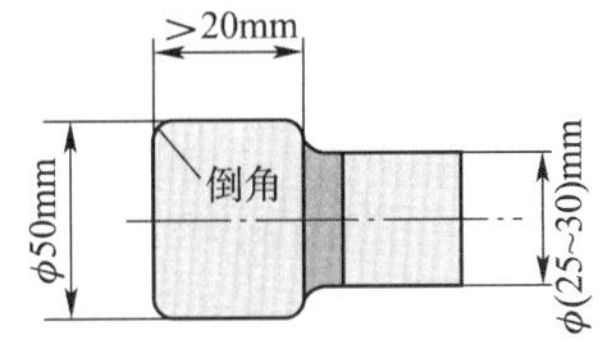 ②对衬套孔铰削，使其与摇臂轴配合间隙符合技术标准。 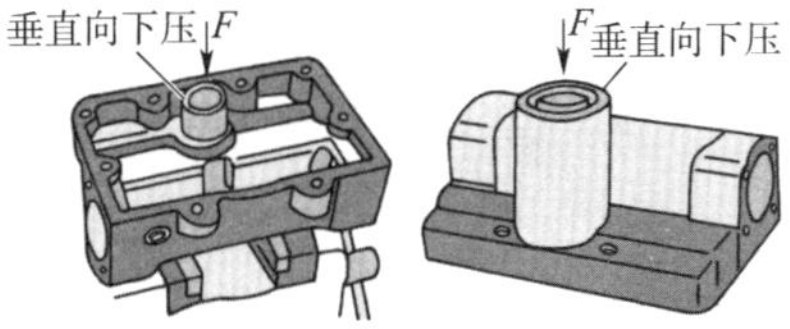 ③在压床上用芯棒将油封压入转向器前端摇臂轴孔内。 ④压装时，油封的平端面必须朝向壳体外，"U"形端面朝向壳体内。 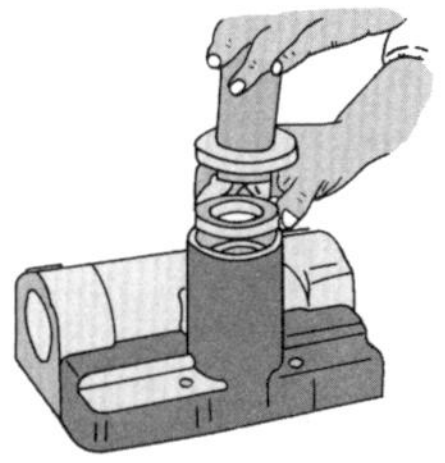 （2）装复转向器下盖。 先把转向器壳体竖立放置并固定，将新轴承外圈压入壳体轴承孔内，外圈压入后至端面距离为12.5~13mm。接着把新的"O"形密封圈套入轴承垫块的槽中。然后装入轴承垫块，把转向器下盖、调整螺栓、锁紧螺母依次装入轴承孔中。再以30~60N·m的扭力对角扭紧固定螺栓。最后把转向器壳旋转180°，使上盖轴承孔朝上，将下轴承的保持架总成装到壳体下盖的轴承外圈轨道上。 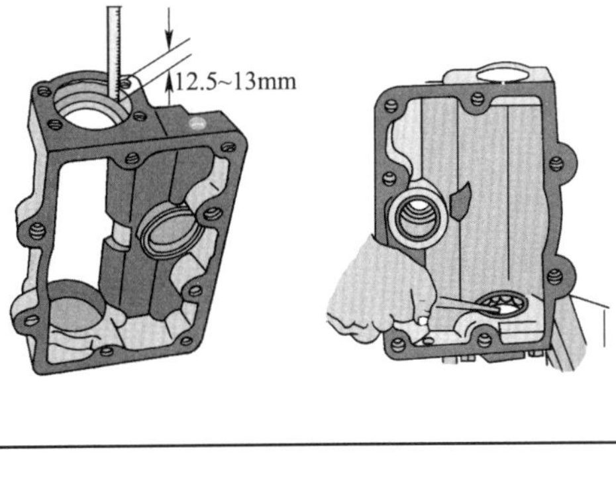	□ 按照规范步骤装配、调整 □ 严禁暴力装配 □ 注意轴承外圈有滚道一面朝壳体内 □ 注意"O"形密封圈光滑的外缘不要被轴承孔边划坏，更不得反装 □ 正确使用工具拧紧

续上表

步骤	操作方法及说明	质量标准及记录
3. 装配与调整	（3）装复蜗杆。 装复蜗杆时，一般不需要更换蜗杆轴承，若更换新轴承，利用压力机套管把新轴承压入蜗杆两端，然后把蜗杆从转向器壳体上盖轴承孔中装入，这时蜗杆输入端朝上，另一端内圈应与下盖平面轴承保持架总成吻合。注意保持架方向，应符合规定要求。 |	L (mm)	d (mm)	D (mm) | |---|---|---|---| | A | 80 | 31 | 42 | | B | 10 | 31 | 42 | N—轴承内圈； M—蜗杆； A—蜗杆头部； B—蜗杆底部 （4）装复上盖总成。 ①装好蜗杆的上轴承保持架，用压床压入轴承外圈，使其到壳体上端面距离达到12.5~13mm。一般情况下，上盖密封圈不需要更换。 ②更换上盖油封时，取出旧油封，压入新油封即可，但应注意油封安装方向，正确的安装方法是：把油封的"U"形端面朝向壳体内，平端面朝向壳体外，先在转向器端面均匀地涂上密封胶，然后把装有调整垫片的上盖对准壳体端面上的螺孔，并在壳体端面上均匀地涂上密封胶，再用专用工具的固定螺栓以30~60N·m的扭力，对角均匀拧紧。在拧紧螺栓时，边拧边观察下盖上的调整螺栓是否拧紧，此螺栓应处在旋松的位置。	□ 正确使用压力机套管压入新轴承 □ 注意保持架方向，应符合规定要求 □ 正确使用压床 □ 用新"O"形密封圈时，注意密封圈方向不要装错 □ 注意调整垫片或垫片总厚度为1.2mm，垫片不要漏装，0.5mm 垫片 1 个，0.02mm、0.10mm、0.05mm 垫片各 2 个 □ 正确选用工具拧紧

续上表

步骤	操作方法及说明	质量标准及记录
3. 装配与调整	（5）蜗杆轴承预紧度的调整。 ①上盖装好后，摇臂轴装入前，必须对蜗杆轴承预紧度进行调整，它是利用转向器下盖处的调整螺栓进行调整的。调整时，先用内六角扳手把调整螺栓拧到底，再退回1/8～1/4圈，使蜗杆在输入端具有1.0～1.7N·m的预紧力矩，然后以50N·m的力矩拧紧调整螺栓的锁紧螺母。 ②当摇臂轴主销总成检修完毕后，若重新进行组装或更换主销轴承，必须检查并调整轴承预紧度。调整时，主销轴承先要清洗干净，清洗后加足润滑脂，并换用新的主销轴承止动垫片。然后把主销轴承装入摇臂孔中，认真调整主销上的螺母，使主销转动自如，无卡滞，无轴向间隙。最后用钳子翻起止动垫片2～3齿锁住。 （6）装复摇臂轴总成。 先把转向蜗杆螺纹槽、轴承和摇臂轴轴颈涂满润滑油；然后把摇臂轴插入壳体的支承孔中，摇臂轴主销与蜗杆纹槽要互相啮合；最后用手转动螺杆数圈，蜗杆应转动自如，无卡滞现象及沉闷感觉。 （7）装复侧盖。 先在侧盖平面上涂抹一层密封胶，然后放上衬垫，再把带有衬垫的侧盖扣合在转向器壳体上，并将带有弹性垫圈的各螺栓拧入相对应的螺栓孔中，当侧盖上的调整螺钉处在旋松的位置时，由中间向两端拧侧盖上的紧固螺栓，并达到力矩标准（中间4个M4螺栓拧紧力矩为70～106N·m，其余4个M10螺栓力矩为30～60N·m）。 （8）调整蜗杆与摇臂轴主销啮合间隙。 调整其啮合间隙时，应使摇臂轴主销与蜗杆处在中间啮合位置上进行；首先松开摇臂轴调整螺栓的锁紧螺母，用手握住蜗杆输入端，使蜗杆行程到中间位置，来回转动蜗杆。同时用螺丝刀按顺时针方向转动调整螺栓，当感到有摩擦阻力时停止转动螺栓，再检测蜗杆输入端的旋转力矩，应不大于2.7N·m。最后以50N·m的力矩拧紧锁紧螺母。	□注意调整时，主销轴承要清洗干净，清洗后，加足润滑脂 □按照规范步骤装配 □注意双头螺柱长的一端朝向壳体内 □正确选用工具拧紧 □正确选用工具拧紧

续上表

步骤	操作方法及说明	质量标准及记录
3.装配与调整	(9)加注润滑油。 装复完毕后,必须向转向器内加入1.1L 90号或85W-90车辆齿轮油或18号馏分型双曲线齿轮油	□按照"8S"整理

3.循环球式转向器的检修(表2-4)

循环球式转向器的检修操作方法及说明　　　　　表2-4

步骤	操作方法及说明	质量标准及记录
1.循环球式转向器的分解	(1)去除转向器油污,把外部清洗干净。 (2)拆下转向器侧盖,取出齿扇及转向垂臂轴。 (3)拆下转向器前盖,取出转向螺杆螺母总成。 (4)拆下循环球导管夹,拔出导管,取出全部钢球,再从螺杆上取下螺母。 (5)要注意的是:一般情况下,不要分解转向螺杆螺母总成,检查时,若转向不灵活、阻力较大、卡滞或出现异常,才能将其分解	□按照规范步骤分解
2.主要零部件的检修	(1)壳体与盖。 用检视法检查壳体与盖,应无裂纹,否则,应更换新件;用塞尺检测壳体与盖接合平面的平面度误差,应不大于0.1mm,若大于此规定值,则应进行磨修。 (2)摇臂轴。 必须用磁力探伤法对摇臂轴进行检测,若有裂纹,则一律更换。用检视法检查齿面,若有轻微剥落、麻点、腐蚀,可用油石磨平,继续使用;若齿面严重剥落、磨损变形,则应予以更换。检查摇臂轴端部花键,不得有明显扭曲,端部螺纹的损伤,不得超过2牙,否则应进行修理或更换。检查摇臂轴与其轴承的配合间隙,摇臂轴承与壳体及侧盖的配合间隙均不大于技术标准,更换摇臂轴衬套时,必须使两衬套的同轴度达到技术标准。 (3)转向螺杆螺母总成。 用检视法检查转向螺杆螺母上的钢球滚道有无金属剥落,若有脱层剥落、刻痕或压坑,则应予以更换。检查转向杆轴颈对其中心的跳动时,应把转向杆轴颈用"V"形铁支起,再用百分表进行检测,一般跳动应不大于0.08mm。检测钢球直径差应不	□按照规范步骤检修 □正确使用塞尺测量 □注意必须用磁力探伤法进行检测 □正确使用百分表测量

续上表

步骤	操作方法及说明	质量标准及记录
2. 主要零部件的检修	大于0.01mm,钢球与轨道配合间隙应不大于0.05mm;若钢球磨损、配合间隙超过0.10mm或钢球剥落破碎,则一律更换钢球,所更换钢球的规格、数量、材质等必须符合原技术标准。检查转向螺母上的钢球导管,若出现破裂、凹陷等情况,则应予以更换。 (4)转向螺杆轴承。 检查转向螺杆轴承滚道表面有无裂痕、压坑或金属剥落,钢球有无碎裂、凹陷或金属剥落,保持架有无扭曲变形、断裂等,若有以上任一现象,一律更换轴承总成	□按照规范步骤检修 □按照"8S"整理
3. 装配与调整	装配前,应对所有零部件进行彻底清洗,橡胶零件均不可用汽油清洗。 (1)螺杆、螺母装配。 装配时,首先按拆卸时的标记方向,把螺杆装入螺母中;然后装钢球。装钢球时,可用木棒或塑料棒把钢球轻轻敲入循环轨道内,并在导管口涂上润滑脂,要按标记一条滚道一条滚道地装复,切不可混装。 (2)螺杆轴承预紧度调整。 转向器装复后,必须对螺杆轴承预紧度进行调整。转向器结构不同,其调整方法也不同,有的利用上部调整螺母进行调整,旋进螺母,轴承紧度增加,反之减小;有的利用下盖与壳体间的垫片进行调整。 (3)摇臂轴装复要点。 先把摇臂轴孔内涂抹润滑脂,按顺序安装调整螺栓,装复后用手轻轻转动调整螺栓。接着用百分表检测调整螺栓轴向间隙,当窜动量大于0.12mm时,应配垫圈将窜动量调整至0.08mm。然后转动螺杆螺母上的齿条,使其处于中间位置。再把摇臂轴装入壳体内,齿扇与齿条应相互啮合。最后按规定扭力拧紧侧盖上的紧固螺母螺栓,并在上、下盖及侧盖接合处及密封垫两面涂上密封胶。 (4)齿扇与齿条的啮合间隙调整要点。 调整时,齿条与齿扇的啮合必须处在中间位置才能进行,否则,间隙不准确。一般是利用摇臂轴轴向位移调整螺钉,调整螺钉旋进,啮合间隙减小;调整螺钉旋出,啮合间隙增大。当齿扇在中间位置时,不允许有间隙,应转动自如、无轻重不均匀感觉或卡滞现象,最后拧紧锁紧螺母	□装配前,应对所有零部件进行彻底清洗,橡胶零件均不可用汽油清洗 □按照规范步骤装配 □装配时要注意,防止摇臂轴另一端油封弹簧跳出,造成漏油 □正确使用百分表检测 □按照"8S"整理

四、评价反馈(表2-5)

评价表　　　　　　　　　　　　　　　　　　　　　　　　　表2-5

评分项目	评分标准	分值(分)	得分(分)
学习目标	能明确本任务的知识目标、技能目标、素养目标,理解任务在工作中的重要程度	5	
工作任务分析	能清晰地描述本次工作任务的内容	2	
	能清晰地描述完成本次工作任务的必备技能与知识点	2	
有效信息获取	能查阅资料,准确填写本次实训车辆的基本信息	5	
	能识读整车检查维护单,准确填写整车外部检查的作业项目、作业内容	5	
	能查阅资料,填写汽车转向沉重的常见故障	5	
	能查阅资料,正确识别并填写机械转向系统的问题类型	5	
实施方案制订	能清晰地制订并填写本次机械转向系统的检查与更换的准备作业计划	5	
	能组织或协同工作小组成员,明确本次任务所需的仪器设备、工具、材料,并准备记录	5	
	能组织或协同工作小组成员进行交流,优化检查方案,并记录	5	
任务实施	能规范地进行作业前现场环境检查,并记录	5	
	能检查并规范穿戴个人防护用具,并记录	5	
	能规范进行齿轮齿条式转向器及其操纵机构的分解及主要零部件的检修,并记录	5	
	能规范进行齿轮齿条式转向器及其操纵机构的装配与调整,并记录	5	
	能规范进行蜗杆指销式转向器的分解及主要零部件的检修,并记录	5	
	能规范进行蜗杆指销式转向器的装配与调整,并记录	5	
	能规范进行循环球式转向器的分解及主要零部件的检修,并记录	5	
	能规范进行循环球式转向器的装配与调整,并记录	5	
任务评价	通过本次任务实施,结合自己在实训过程中的表现,进行自我评价及自我反思,并记录	3	
职业素养	能按规定时间完成项目作业	2	

续上表

评分项目	评分标准	分值(分)	得分(分)
职业素养	能遵守实训室管理规定和劳动纪律	2	
	能积极参与课堂活动和回答问题	2	
	能按时出勤	2	
思政要求	爱岗敬业、尊重教师、团结同学,按文明生产规则进行操作,做好交流沟通,展示良好的工匠精神和职业素养	5	
总计		100	

改进建议:

教师签字:

日期:

学习活动 2 动力转向系统的检查与更换

一、明确任务

根据任务描述,学生领取汽车维修任务后,通过阅读维修工单,明确任务要求,查阅维修手册,确定作业方案;然后在规定工期内对动力转向系统进行检查与更换,使其恢复正常使用性能。

二、工作准备与计划制订

(一)知识准备

1. 动力转向系统的功用

动力转向系统是利用一定的动力助力方式,对转向器施加作用力以减小驾驶员转动转向盘的_____,减轻驾驶疲劳的转向系统。

2. 动力转向系统的组成

动力转向系统由储油罐、油管、油泵、动力转向器及控制阀等组成。

3. 动力转向系统的类型

动力转向系统按动力介质不同可分为液压动力转向系统和电动动力转向系统。

液压动力转向系统按照能源来源不同,又分为机械式和_____;按照控制阀的运动方式不同,又分为滑阀式和_____;按照液流形式不同,又分为常流式和常压式。

4. 液压动力转向系统的组成及工作原理

(1) 机械式液压动力转向系统。

机械式液压动力转向系统由_____、转向助力泵、转向控制单元、转向盘、转向柱、齿轮齿条转向机组成,如图2-4所示。

机械式液压动力转向系统的工作原理:利用发动机的动力提供转向助力。具体来说,这种系统通过_____(通常由发动机皮带带动)提供油压来推动活塞,进而产生辅助力推动转向拉杆,辅助车轮转向。

(2) 电动液压动力转向系统。

电动液压动力转向系统由_____、助力油管、横拉杆、球头、转向执行机构组成,如图2-5所示。

图2-4 机械式液压动力转向系统
1-储油罐;2-转向助力泵;3-转向控制单元;4-转向盘;
5-转向柱;6-齿轮齿条转向机

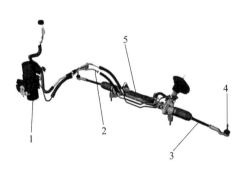

图2-5 电动液压动力转向系统
1-电子助力泵;2-助力油管;3-横拉杆;4-球头;
5-转向执行机构

电动液压动力转向系统的工作原理:由_____驱动液压泵。这种设计使得系统能够在需要时提供足够的转向动力,从而不需要持续消耗发动机的动力。

在电动液压动力转向系统中,_____传感器会监控车速,电控单元获取数据后通过控制转向控制阀的开启程度改变油液压力,从而实现转向动力力度大小的调节。

(二)制订工作方案

1. 任务分工(表2-6)

学生任务分配表 表2-6

班级		组号		指导老师	
组长		任务分工			
组员1		任务分工			
组员2		任务分工			
组员3		任务分工			
组员4		任务分工			
组员5		任务分工			
组员6		任务分工			

2. 工量具、仪器设备与耗材准备

(1)使用的工量具有：_____。

(2)使用的仪器设备有：_____。

(3)使用的耗材有：_____。

3. 具体方案描述

_____

_____

_____

_____

_____

三、计划实施

(一)安全注意事项及技能要点

1. 安全注意事项

(1)不准赤脚或穿拖鞋、高跟鞋和裙子上课，留长发者要戴工作帽。

(2)上课时要集中精神，不准说笑、打闹。

(3)进入汽车实训场地后，未经老师批准，不得动用实训车上的各项设备。

(4)正确使用举升机和工具。

(5)实习结束后，整理清洁工具并清理场地。

2. 技能要点

(1)按照正确、规范的步骤对转向器进行拆卸与安装。

(2)正确选择工量具对转向器进行检修。

(3)正确、规范地对转向传动机构进行检修。

(4)正确、规范地对转向助力液进行检查与选用。

(5)正确、规范地对液压转向助力管道进行检查与更换。

(6)正确、规范地对液压助力油泵进行拆装。

(二)动力转向系统的检查与维修

1. 转向器的拆装(表2-7)

表2-7 转向器的拆装操作方法及说明

步骤	操作方法及说明	质量标准及记录
1.转向器的拆卸	(1)打开发动机舱盖,松开蓄电池负极固定螺栓,拔下负极电线。	□按规范步骤拆卸 □拔线时要注意按照"先负后正"的顺序进行
	(2)拧下转向柱下段的夹紧箍自锁螺母,取下夹紧箍自锁螺栓。	□正确选用工具拧下
	(3)拧下转向减振器连接件与转向支架的固定螺栓。	
	(4)将转向减振器连接件向上转动,脱离与转向支架的连接。	

续上表

步骤	操作方法及说明	质量标准及记录
1.转向器的拆卸	(5)拧下转向支架与齿条的2个固定螺栓。  (6)用专用拉马顶住转向横拉杆的球节头,拧下前减振器与转向横拉杆球节头的固定螺母。 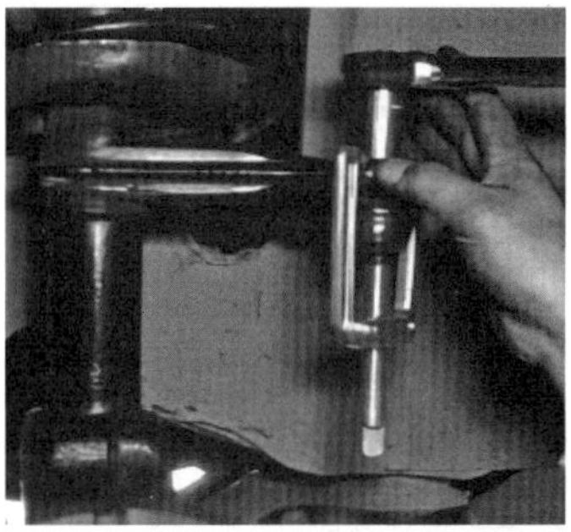 (7)向下拉转向横拉杆,使转向横拉杆与前减振器脱离。  (8)拧下转向器凸缘与车身的2个固定螺栓。  (9)取出齿轮齿条式转向器	□正确使用专用拉马 □按照"8S"整理

续上表

步骤	操作方法及说明	质量标准及记录
2.转向器的安装	(1)将转向器总成从发动机舱管路、电线的空隙中放入发动机舱中。  (2)先将转向器的齿轮轴对准转向柱下段的孔,转向器对准左前罩处车身上的孔,转向器壳体凸缘上的螺孔对准固定螺栓,然后将转向器装入各孔中。  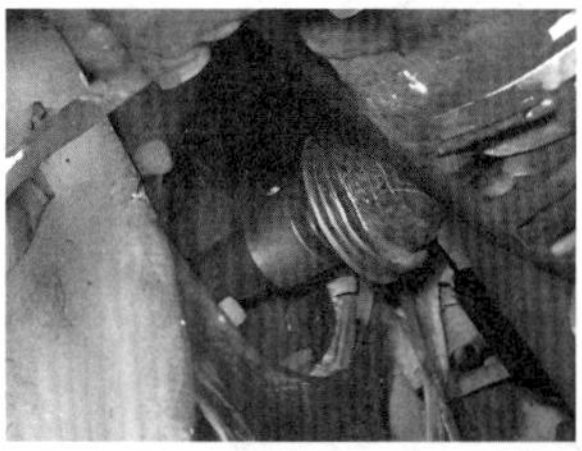 (3)旋上转向管下段与齿轮轴的夹紧箍自锁螺栓和螺母,拧紧力矩为25N·m。 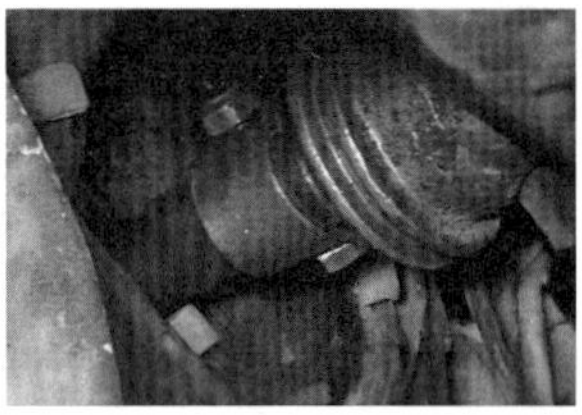 (4)旋上转向器壳体与车身的2个固定螺栓,拧紧力矩为25N·m。 	□按规范步骤安装 □注意对准所有的孔 □正确选用工具拧紧 □正确选用工具拧紧

续上表

步骤	操作方法及说明	质量标准及记录
2.转向器的安装	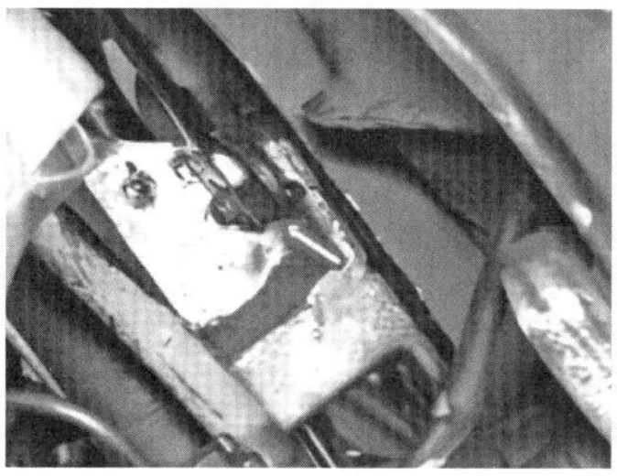 （5）旋上左前罩处转向器与车身的 2 个固定螺栓和螺母，拧紧力矩为 20N·m。	□正确选用工具拧紧
	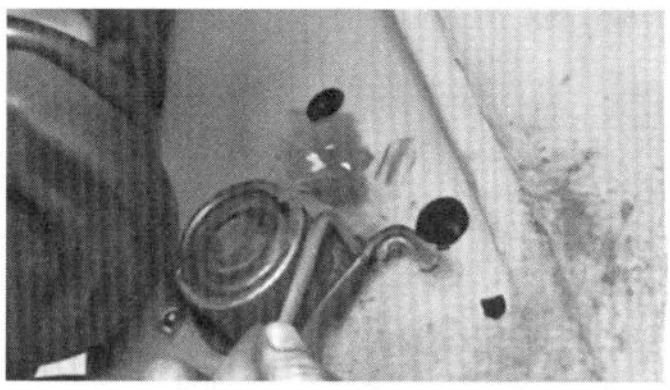 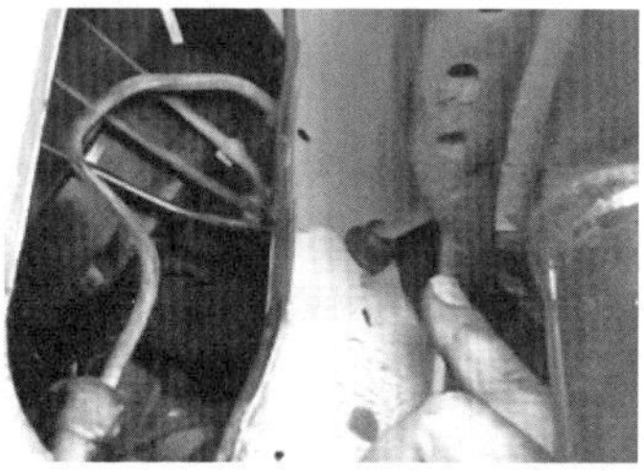 （6）将左、右转向横拉杆装入转向支架，用连接器上的 2 个螺栓将两者连接，旋上 2 个固定螺栓，以防转向横拉杆脱落。	□注意防止转向横拉杆脱落
	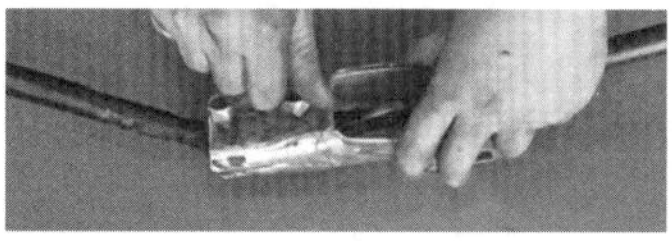 （7）将转向横拉杆和转向支架一起转入发动机舱中。	□按规范步骤安装
	 （8）对准转向支架与齿条的 2 个螺纹孔，旋上固定螺栓和螺母，拧紧力矩为 55N·m。	□正确选用工具拧紧

续上表

步骤	操作方法及说明	质量标准及记录
2.转向器的安装	(9)旋上连接器与转向横拉杆的2个固定螺母。	□正确选用工具拧紧
	(10)将转向减振器支架对准螺纹孔装在连接器的螺栓上,旋上固定螺栓,拧紧力矩为55N·m。 (11)将转向横拉杆球头节头的球头销装入前减振器的螺纹孔中,旋上锁紧螺母,拧紧力矩为40N·m。	□正确选用工具拧紧
	(12)将蓄电池负极电线套在蓄电池负极上,旋上锁紧螺母,用10mm梅花扳手拧紧。 (13)转向器装复后,必须检查齿轮与齿条的啮合间隙。当需要调整时,先使车辆处于直线行驶位置,用13mm梅花扳手松开锁紧螺母,用10mm梅花扳手转动调整螺栓至接触止推垫圈块为止,然后用内六角扳手拧紧六角螺母,以防调整螺栓转动	□按照"8S"整理

2. 转向器的检修(表2-8)

转向器的检修操作方法及说明　　　　　　　　　　　表2-8

步骤	操作方法及说明	质量标准及记录
转向器的检修	(1)检查转向器外壳有无破裂或损坏,如破损严重,则应更换转向器总成。	□按规范步骤检修

续上表

步骤	操作方法及说明	质量标准及记录
转向器的检修	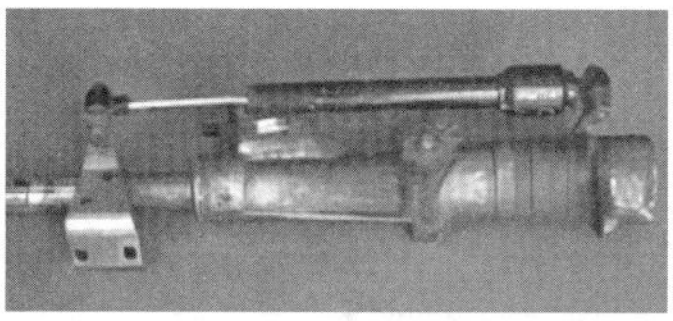 （2）拧下压盖上的锁紧螺栓。 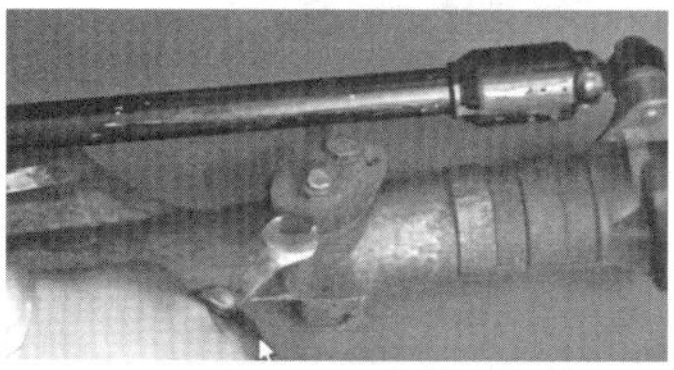 （3）取下压盖、密封圈、补偿弹簧和压块。 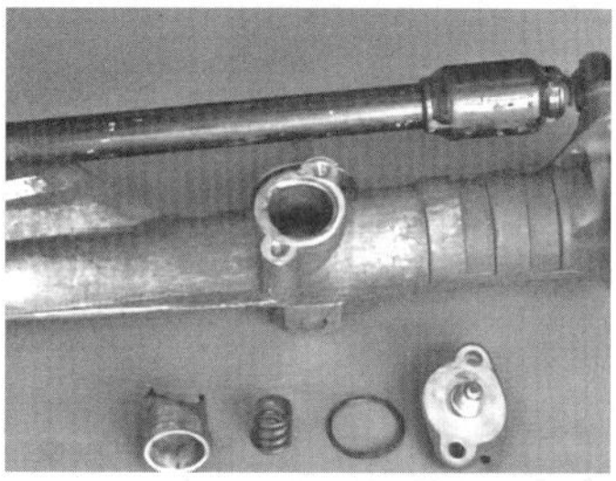 （4）检查密封圈是否完好，如有漏油或破损，必须更换。  （5）检查补偿弹簧是否变形，弹性是否正常，如有损伤，应予以更换。 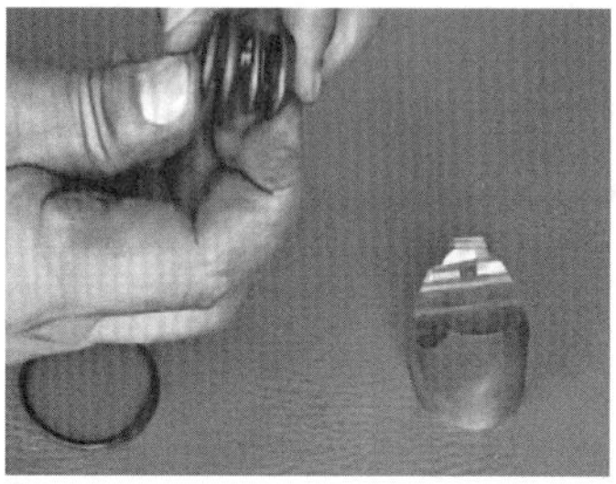	□正确选用工具拧下 □检查密封圈 □检查补偿弹簧

续上表

步骤	操作方法及说明	质量标准及记录
转向器的检修	(6)检查压块是否有裂纹、烧蚀等损伤,如上述损伤,则应予以更换。 (7)检查齿条是否有明显的划痕、裂纹或扭曲变形等损伤,如损伤严重,则必须更换转向器总成。 (8)检查防尘罩是否有老化、破损等损伤,如有,应予以更换	□检查压块 □检查齿条 □检查防尘罩 □注意所有的自锁螺栓和螺母一经拆卸,安装时必须更换,转向器各零件不允许焊接或整形,以确保安全、可靠 □按照"8S"整理

3. 转向传动机构的检修(表2-9)

转向传动机构的检修操作方法及说明　　　　　表2-9

步骤	操作方法及说明	质量标准及记录
转向传动机构的检修	(1)拧下转向减振器与转向器壳体的固定螺栓,取下转向减振器。 (2)检查转向减振器是否漏油,是否有裂纹、变形等损伤,如损伤严重,则应予以更换;检查转向减振器是否有异常响声,如有,应予以更换。	□按规范步骤检修

续上表

步骤	操作方法及说明	质量标准及记录
转向传动机构的检修	(3)用手下压、上拉减振器的活塞杆,正常情况下会有一定的阻力,如果活塞杆软而无力或上拉后自行往下落,则说明转向减振器已经损坏,应予以更换。 (4)检查左、右转向横拉杆是否有裂纹、弯曲变形等损伤,如有,应予以更换。 (5)检查球头销螺纹是否有损坏,如有,则必须更换球节头。 (6)左转向横拉杆的长度为(579±8)mm,右转向横拉杆的长度为(553.9±8)mm,调节横拉杆的长度即可调节前轮的前束值	□正确选用工具测量长度 □按照"8S"整理

4. 转向助力液的检查与选用(表2-10)

转向助力液的检查与选用操作方法及说明　　　　　　　表2-10

步骤	操作方法及说明	质量标准及记录
1. 转向助力液的检查	(1)应定期检查汽车上转向助力液液面高度以及油品。同时,储液罐也应定期清洗,以防油液脏污或变质,一般建议每2年或30000km更换转向助力液。转向助力液储液罐的位置一般在发动机舱内。 (2)转向助力液储液罐的辨识。一般转向助力液储液罐的盖子上均标有转向盘图案。 (3)在检查转向助力液时,一般以储液罐上的刻度为准。 ①将前轮摆正,发动机处于正常的工作温度,油液温度处于50℃左右。 ②观察储液罐上的刻度线,正常情况下应处于"MAX"与"MIN"之间。 ③需注意的是,发动机冷态时不能低于"MIN"刻度线。	□按规范步骤检查 □大多数转向助力液储液罐盖子上有转向盘的图案 □注意在检查转向助力液时,一般以储液罐上的刻度为准

续上表

步骤	操作方法及说明	质量标准及记录
1.转向助力液的检查	（4）部分汽车转向助力液储液罐的盖子上带有刻度尺，其检查方法与上述方法类似	□正确使用刻度尺测量 □按照"8S"整理
2.转向助力液的选用	助力转向液属于特殊液体，通过液压系统的作用，可以为转向系统提供助力，使转向轻便，与自动变速器油及制动液作用类似。 　　汽车的动力转向系统一般应选用原厂规定的标号及品牌的转向助力液，否则，易引起液压动力转向系统效能降低，严重时可能损坏液压部件。 转向器不能在无油的状态下长期使用，否则，易引起转向器故障	□按原厂规定标号及品牌选用 □按照"8S"整理

5. 液压转向助力管道的检查与更换(表2-11)

液压转向助力管道的检查与更换操作方法及说明　　　　表2-11

步骤	操作方法及说明	质量标准及记录
液压转向助力管道的检查与更换	(1)检查储油罐的油面高度是否在正常范围内,确保油质良好。 (2)检查转向助力泵传动带张紧度是否符合维修手册标准。 (3)断开转向助力泵的输出油管,将检测仪(压力表)串接入转向助力泵至转向器的油路中。 (4)将换挡杆挂入空挡,拉上驻车制动器。 (5)完全打开检测仪阀门。 （图：连接管路、压力表、连接管路） (6)起动发动机并怠速运转。 (7)将转向盘向左或向右打到极限位置2~3次,以使转向油升温,并保持在正常工作温度。 (8)完全关闭检测仪阀门,读取压力。 (9)立即完全打开检测仪阀门,读取压力。 (10)如果压力表的读数与规定值不符,则应维修或更换转向助力泵。将阀门最多关闭5s,若转向助力泵没有故障,压力表压力会升至6.8~8.2MPa,若压力在上述数值范围之外,则必须更换转向助力泵	□按规范步骤检查 □将转向盘向左或向右打到极限位置2~3次 □完全关闭检测仪阀门,读取压力 □立即完全打开检测仪阀门,读取压力 □正确使用压力表 □按照"8S"整理

6. 液压助力油泵的拆装(表2-12)

液压助力油泵的拆装　　　　表2-12

步骤	操作方法及说明	质量标准及记录
1.液压助力油泵的拆卸	(1)拆卸油泵上回油软管的高压软管的泄放螺栓。 (2)拆卸转向助力泵前支架上的张紧螺栓。 （图示） (3)拆卸转向油泵后支架上的固定螺栓。	□按规范步骤拆卸 □正确选用拆卸工具

续上表

步骤	操作方法及说明	质量标准及记录
1.液压助力油泵的拆卸	(4)松开转向油泵中心支架上的固定螺母和螺栓。 (5)取下储油罐。松开储油罐的安装支架螺栓和储油罐进油、回油软管夹箍,从车上拆下储油罐 1-回油软管;2-软管夹箍(拧紧力矩为1.0~1.5N·m);3-进油软管;4-储油罐;5-储油罐支架;6-垫片;7-M6六角螺母[拧紧力矩为(6.0±3)N·m]	□正确选用工具松开固定螺母和螺栓 □拆下储油罐时,注意软管里残留的转向助力油不要弄到地面和其他部件上 □按照"8S"整理
2.液压助力油泵的安装	同拆卸方法反序进行	□按规范步骤安装 □按照"8S"整理

四、评价反馈(表2-13)

评价表　　　　表2-13

评分项目	评分标准	分值(分)	得分(分)
学习目标	能明确本任务的知识目标、技能目标、素养目标,理解任务在工作中的重要程度	5	
工作任务分析	能清晰地描述本次工作任务的内容	2	
	能清晰地描述完成本次工作任务的必备技能与知识点	2	
有效信息获取	能查阅资料,准确填写本次实训车辆的基本信息	5	
	能识读整车检查维护单,准确填写整车外部检查的作业项目、作业内容	5	

续上表

评分项目	评分标准	分值(分)	得分(分)
有效信息获取	能查阅资料,填写汽车转向沉重的常见故障	5	
	能查阅资料,正确识别并填写动力转向系统的问题类型	5	
实施方案制订	能清晰地制订并填写本次动力转向系统的检查与更换的准备作业计划	5	
	能组织或协同工作小组成员,明确本次任务所需的仪器设备、工具、材料,并准备记录	5	
	能组织或协同工作小组成员进行交流,优化检查方案,并记录	5	
任务实施	能规范地进行作业前现场环境检查,并记录	5	
	能检查并规范穿戴个人防护用具,并记录	5	
	能规范进行转向器的拆卸与安装,并记录	5	
	能规范进行转向器的检修,并记录	5	
	能规范进行转向传动机构的检修,并记录	5	
	能规范进行转向助力液的检查与选用,并记录	5	
	能规范进行液压转向助力管道的检查与更换,并记录	5	
	能规范进行液压助力油泵的拆装,并记录	5	
任务评价	通过本次任务实施,结合自己在实训过程中的表现,进行自我评价及自我反思,并记录	3	
职业素养	能按规定时间完成项目作业	2	
	能遵守实训室管理规定和劳动纪律	2	
	能积极参与课堂活动和回答问题	2	
	能按时出勤	2	
思政要求	爱岗敬业、尊重教师、团结同学,按文明生产规则进行操作,做好交流沟通,展示良好的工匠精神和职业素养	5	
总计		100	

改进建议:

教师签字:
日期:

学习活动 3　电控式动力转向系统的检查与更换

一、明确任务

根据任务描述，学生领取汽车维修任务后，通过阅读维修工单，明确任务要求，查阅维修手册，确定作业方案；然后在规定工期内对电控式动力转向系统进行检查与更换，使其恢复正常使用性能。

二、工作准备与计划制订

(一)知识准备

1.电子动力转向系统的定义

电动助力转向系统(EPS)是一种直接依靠＿＿＿＿＿＿＿提供辅助转矩的动力转向系统，与传统的液压助力转向系统相比，EPS 具有很多优点。

除了机械转向系统之外，EPS 还包括其他三大部分：信号传感装置(包括＿＿＿＿＿＿传感器、＿＿＿＿＿＿传感器和车速传感器)、转向助力机构(包括电机、离合器和减速传动机构)、电子控制装置(EPS 控制电脑)。

2.电控式动力转向系统的组成及工作原理

电控式动力转向系统由转向拉杆、护罩、转向传动轴、转向柱、转向机、＿＿＿＿＿＿组成，如图 2-6 所示。

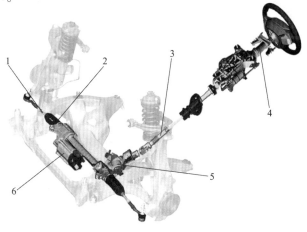

图 2-6　电控式动力转向系统
1-转向拉杆；2-护罩；3-转向传动轴；4-转向柱；5-转向机；6-助力电机

电动液压助力转向系统的工作原理：通过_____（ECU）来控制车辆的转向，以提供最佳的转向助力。这种系统结合了机械和电动助力转向系统的特点，旨在提高驾驶的安全性、舒适性和燃油经济性。

3. 电控转向过程

驾驶员开始转向会引起_____的扭转。随同扭力杆一同转动的转矩传感器会向控制器发出信号，这些信号中包含作用于转向盘上的转矩大小和扭转方向的信息。根据这些信号，控制器计算出必要的助力转矩，并控制电机。作用于转向盘上的扭转力矩和助力转矩的总和就是作用于转向机构上的有效转矩。如果驾驶员增加作用于转向盘上的转矩，那么由电机提供的助力_____也会增加，这使得在转向机构上产生轻微扭转。

如果驾驶员将作用于转向盘上的扭转力矩减小，那么扭力杆上的扭转力矩也会减小。这样转矩传感器会向_____发出一个比较小的信号。控制器通过控制电机来减小助力转矩。

受到车轴几何结构的影响，车轮和转向系统会被复位到直线行驶的位置。

如果通过转向机构产生的复位转矩大于作用于转向盘上的扭转力矩与助力转矩之和，那么电动助力转向系统就会开始将转向系统向直线行驶位置复位。

4. 新一代电控机械式转向机构

新一代电控机械式转向机构的特点是，通过一个与齿杆同心安装的电子马达来实现_____辅助。齿杆、电子马达、滚珠丝杠传动驱动齿轮机构、电子控制器和必需的感应电子装置集成在一起。其优点是安装体积较小，效率较高。

图2-7 电动助力转向系统
1-转向盘；2-转向柱；3-电子机械转向助力电动机；4-转向齿轮；5-转向助力控制单元J500；6-转向力矩传感器G269；7-万向节传动轴；8-转向角传感器G85

5. EPS的组成及工作原理

EPS由转向盘、转向柱、电子机械转向_____、转向齿轮、转向助力控制单元J500、转向力矩传感器G269、万向节传动轴、转向角传感器G85组成，如图2-7所示。

EPS的主要零部件有转向角速度传感器G85（图2-8）、转向力矩传感器G269（图2-9）。

转向角速度传感器G85安装在_____上，转向开关与转向盘之间，与安全气囊时钟弹簧集成一体，通过控制器局域网络（CAN）总线将转向盘_____信号传递给转向柱控制单元J527，经过分析后传送给转向助力控制单元J500。

转向力矩传感器G269与_____和转向小齿轮连接在一起，将转向柱的力矩信号传送给转向助力控制单元J500。

EPS的工作原理：转矩传感器与转向轴（小齿轮轴）连接在一起，当转向轴转动时，转矩传感器开始工作，把输入轴和输出轴在扭杆作用下产生的相对转动角位移变成电信号传给ECU，ECU根据_____传感器和转矩传感器的信号决定电动机的_____方向和助力电流的_____，从而实现实时控制助力转向。因此它可以很容易地在车速不同时，为电动机提供不同的助力效果，保证汽车在低速转向行驶时轻便灵活，高速转向行驶时稳定可靠。

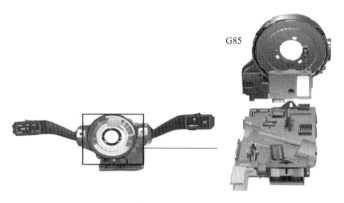

图 2-8　转向角速度传感器 G85

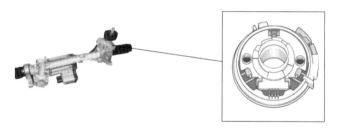

图 2-9　转向力矩传感器 G269

（二）制订工作方案

1. 任务分工（表 2-14）

学生任务分配表　　　　　　　　表 2-14

班级		组号		指导老师	
组长		任务分工			
组员 1		任务分工			
组员 2		任务分工			
组员 3		任务分工			
组员 4		任务分工			
组员 5		任务分工			
组员 6		任务分工			

2. 工量具、仪器设备与耗材准备

(1) 使用的工量具有：_____。

(2) 使用的仪器设备有：_____。

(3) 使用的耗材有：_____。

3. 具体方案描述

_____

_____

_____

_____

_____

三、计划实施

(一)安全注意事项及技能要点

1. 安全注意事项

(1) 不准赤脚或穿拖鞋、高跟鞋和裙子上课，留长发者要戴工作帽。

(2) 上课时要集中精神，不准说笑、打闹。

(3) 进入汽车实训场地后，未经老师批准，不得动用实训车上的各项设备。

(4) 正确使用举升机和工具。

(5) 拆卸之前要确定好原来的位置，比如转了几圈取下来，安装时还是要恢复到原位置，以免影响四轮定位前轮前束值。

(6) 实习结束后，整理清洁工具并清理场地。

2. 技能要点

正确、规范地对转向横拉杆防尘罩进行更换。

(二)转向横拉杆防尘罩的更换(表2-15)

转向横拉杆防尘罩的更换操作方法及说明　　　　表2-15

步骤	操作方法及说明	质量标准及记录
转向横拉杆防尘罩的更换	(1) 拆卸车轮，并拆卸外球节端头锁止螺母的开口销。	□按规范步骤进行拆卸

续上表

步骤	操作方法及说明	质量标准及记录
转向横拉杆防尘罩的更换	（2）拆卸外球节端头锁止螺母。 （3）使用球头专用拉拔器或锤头拆卸工具分离横拉杆末端的转向外球头。 （4）用22mm扳手松开转向球头的锁紧螺母，旋下转向横拉杆外球头和锁止螺母。 （5）用钳子拆卸防尘罩卡箍。同理，将内侧端的卡箍也拆卸下来。	□正确使用球头专用拉拔器或锤头 □正确选用工具 □注意拆卸之前要确定好原来的位置，比如转了几圈取下来，安装时还是要恢复到原位置，以免影响四轮定位前轮前束值

续上表

步骤	操作方法及说明	质量标准及记录
转向横拉杆防尘罩的更换	(6)取下破损的转向横拉杆防尘罩。 (7)内球节涂抹适量润滑脂。 (8)将新的转向横拉杆防尘罩和转向外球接头,按与拆卸相反的步骤安装上去,然后将工具和场地复位	□按规范步骤更换 □按规范步骤安装 □按照"8S"整理

四、评价反馈(表2-16)

评价表　　　　　　　　　　　　　　　　　　　表2-16

评分项目	评分标准	分值(分)	得分(分)
学习目标	能明确本任务的知识目标、技能目标、素养目标,理解任务在工作中的重要程度	5	
工作任务分析	能清晰地描述本次工作任务的内容	2	
	能清晰地描述完成本次工作任务的必备技能与知识点	2	
有效信息获取	能查阅资料,准确填写本次实训车辆的基本信息	5	
	能识读整车检查维护单,准确填写整车外部检查的作业项目、作业内容	5	

续上表

评分项目	评分标准	分值(分)	得分(分)
有效信息获取	能查阅资料,填写汽车转向沉重的常见故障	5	
	能查阅资料,正确识别并填写电控式动力转向系统的问题类型	5	
实施方案制订	能清晰地制订并填写本次电控式动力转向系统的检查与更换的准备作业计划	5	
	能组织或协同工作小组成员,明确本次任务所需的仪器设备、工具、材料,并准备记录	5	
	能组织或协同工作小组成员进行交流,优化检查方案,并记录	5	
任务实施	能规范地进行作业前现场环境检查,并记录	5	
	能检查并规范穿戴个人防护用具,并记录	5	
	能规范进行转向横拉杆防尘罩的更换,并记录	30	
任务评价	通过本次任务实施,结合自己在实训过程中的表现,进行自我评价及自我反思,并记录	3	
职业素养	能按规定时间完成项目作业	2	
	能遵守实训室管理规定和劳动纪律	2	
	能积极参与课堂活动和回答问题	2	
	能按时出勤	2	
思政要求	爱岗敬业、尊重教师、团结同学,按文明生产规则进行操作,做好交流沟通,展示良好的工匠精神和职业素养	5	
总计		100	

改进建议:

教师签字:
日期:

任务习题

1. 单选题

(1)机械转向系统由转向盘、转向轴、(　　)、转向横拉杆以及转向节等组成。

A. 机械转向器 B. 差速器
C. 转向油管 D. 转向角传感器

（2）循环球式转向器的转向螺母可以（　　）。

A. 转动　　B. 轴向移动　　C. A、B 均可　　D. A、B 均不可

（3）液压助力转向系统相比机械转向系统，新增的液压部件有很多，（　　）除外。

A. 转向油泵 B. 转向油罐
C. 转向油管 D. 转向角传感器

（4）液压式动力转向装置按液流形式分类，可分为（　　）。

A. 常流式和液压式 B. 常压式和液压式
C. 常流式和常压式 D. 液压式和气压式

（5）关于 EPS 的功用，甲称使车辆低速时转向更轻便，乙称使车辆高速时转向更轻便，则（　　）。

A. 甲正确 B. 乙正确
C. 两人均正确 D. 两人均不正确

（6）EPS 主要由转矩传感器、（　　）、电机、减速传动机构和电子控制单元（ECU）等组成。

A. 车速传感器 B. 弹性元件
C. 同步器 D. 温度传感器

2. 判断题

（1）转向横拉杆体两端螺纹的旋向一般为右旋。（　　）

（2）汽车机械转向系统不借助外在动力，依靠驾驶员操作，以驾驶员的体力作为转向动力来源，其中所有力学传递结构都是机械的。（　　）

（3）在动力转向系统中，安全阀既可限制最大压力，又可限制多余的油液。（　　）

（4）动力转向系统是在机械转向系统的基础上加设一套转向加力装置而形成的。（　　）

（5）电控式动力转向系统的旁通流量控制电磁阀是由电脑控制的，电脑会根据车速、转向盘速度等控制液压流量（压力）。（　　）

（6）电子机械助力转向系统是目前最为先进的转向系统之一，其助力直接由电动机提供，无需液压部件，质量更小，但其结构更为复杂。（　　）

3. 实操练习题

请按规范拆装纯电动汽车的转向系统。

学习任务三

汽车制动无力故障检修

学习目标

1. 知识目标

(1) 能描述制动系统的功用、类型和组成。
(2) 能说出制动系统各总成的功用及结构特点。
(3) 能分析制动系统各制动器的工作原理。

2. 技能目标

(1) 能准确、规范地对制动系统各总成进行检修。
(2) 能判别制动系统各总成的常见故障。
(3) 能通过阅读维修工单,明确任务要求,查阅维修手册,确定作业方案;然后在规定工期内,完成制动系统故障点的确认。

3. 素养目标

(1) 塑造职业道德,弘扬中华传统美德。
(2) 培养能源清洁、低碳、高效利用的工作方式,加强节能环保意识。
(3) 培养精益求精的工匠精神,树立碳达峰、碳中和的意识。

参考学时

60 学时。

任务描述

一辆汽车进厂维修,客户反映汽车制动时感觉制动踏板较硬,制动效果差。经班组长检查,判断为制动系统故障,需要进行检修。

学习活动 1 制动器的检查与更换

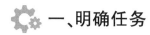

一、明确任务

根据任务描述,学生领取汽车维修任务后,通过阅读维修工单,明确任务要求,查

阅维修手册,确定作业方案;然后在规定工期内对制动器进行检查与更换,使其恢复正常使用性能。

二、工作准备与计划制订

(一)知识准备

1. 制动器的功用

减速停车、保持车速稳定(下坡)、保持汽车静止状态。

2. 制动器的性能要求

为保证汽车能在安全的条件下发挥出高速行驶的能力,制动系统必须满足下列要求:

(1)应具有足够的制动力,工作可靠(制动效能)。

(2)制动器散热好(效能恒定性)。

(3)制动稳定性好(方向稳定性)。

(4)操纵轻便。

(5)前、后桥上的_____分配应合理,左、右车轮上的制动力应相等(制动平顺性)。

(6)避免自行制动。

(7)对挂车的制动系统,要求挂车的制动作用略早于主车,挂车自行脱挂时能自动进行应急制动(制动平顺性)。

3. 制动器的类型

制动器一般分为六个类型:_____、盘式、双向自动增力式、钳盘式、平衡式、凸轮式。

(1)鼓式制动器。

鼓式制动器由_____、摩擦衬片、复位弹簧、制动轮缸、制动蹄、定位销弹簧、制动蹄、定位销、制动蹄调节器组成,如图 3-1 所示。

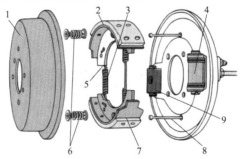

图 3-1　鼓式制动器

1-制动鼓;2-摩擦衬片;3-复位弹簧;4-制动轮缸;5-制动蹄;6-定位销弹簧;7-制动蹄;8-定位销;9-制动蹄调节器

（2）盘式制动器。

盘式制动器由制动钳安装支架、_____、制动钳、制动钳活塞、制动衬块、摩擦片组成,如图3-2所示。

盘式制动器

（3）双向自动增力式制动器。

双向自动增力式制动器由复位弹簧、_____、主蹄、连接弹簧、调整螺栓、次蹄、支承销组成,如图3-3所示。

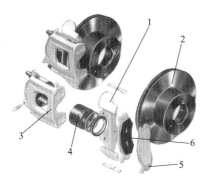
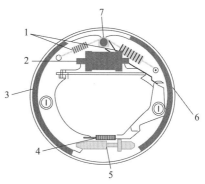

图3-2　盘式制动器

1-制动钳安装支架;2-制动盘;3-制动钳;
4-制动钳活塞;5-制动衬块;6-摩擦片

图3-3　双向自动增力式制动器

1-复位弹簧;2-制动轮缸;3-主蹄;4-连接弹簧;
5-调整螺栓;6-次蹄;7-支承销

（4）钳盘式制动器。

钳盘式制动器又分为定钳盘式制动器和浮钳盘式制动器。

①定钳盘式制动器由制动盘、轮毂、_____、制动块、进油口、制动钳、车桥组成,如图3-4所示。

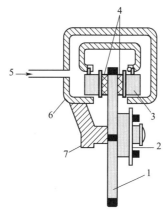

定钳盘式制动器

图3-4　定钳盘式制动器

1-制动盘;2-轮毂;3-活塞;4-制动块;5-进油口;6-制动钳;7-车桥

②浮钳盘式制动器由_____、导向销、制动钳支架、制动盘、固定制动块、活动制动块、活塞密封圈、活塞、液压缸组成,如图3-5所示。

（5）平衡式制动器,如图3-6所示。

（6）凸轮式制动器,如图3-7所示。

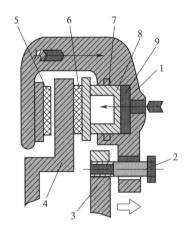

浮钳盘式制动器

图3-5 浮钳盘式制动器

1-制动钳;2-导向销;3-制动钳支架;4-制动盘;5-固定制动块;6-活动制动块;7-活塞密封圈;8-活塞;9-液压缸

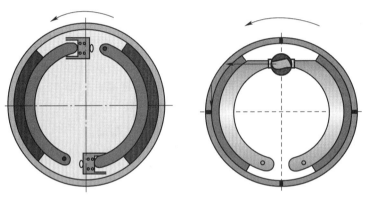

图3-6 平衡式制动器　　　　图3-7 凸轮式制动器

4.车轮制动器的组成

车轮制动器主要由旋转部分、固定部分和_____组成。旋转部分是制动盘或制动鼓,固定部分包括制动块和_____或制动蹄和制动底板,调整机构用于调整制动块和制动盘或制动蹄和制动鼓间的间隙。

(二)制订工作方案

1.任务分工(表3-1)

学生任务分配表　　　　　　　表3-1

班级		组号		指导老师	
组长		任务分工			
组员1		任务分工			
组员2		任务分工			

续上表

班级		组号		指导老师	
组员3		任务分工			
组员4		任务分工			
组员5		任务分工			
组员6		任务分工			

2. 工量具、仪器设备与耗材准备

(1)使用的工量具有：_____。

(2)使用的仪器设备有：_____。

(3)使用的耗材有：_____。

3. 具体方案描述

_____
_____
_____
_____

三、计划实施

(一)安全注意事项及技能要点

1. 安全注意事项

(1)不准赤脚或穿拖鞋、高跟鞋和裙子上课，留长发者要戴工作帽。

(2)上课时要集中精神，不准说笑、打闹。

(3)进入汽车实训场地后，未经老师批准，不得动用实训车上的各项设备。

(4)举升车辆前检查举升机有无漏电、漏油状况，防止汽车举升时发生意外造成重大事故。

(5)举升车辆时，将举升臂的四个支撑点放在车身底板的加强筋上。

(6)当车辆举升到工作高度时，应将举升机进行机械保险，在举升机保险装置落下之前，禁止在车下作业。

(7)落下车辆时，应先解除举升机保险，在车辆降落过程中观察两侧举升臂是否同时下落。

(8)实习结束后，整理清洁工具并清理场地。

2. 技能要点

(1)按照正确、规范的步骤对盘式制动器进行拆装与检测。

（2）按照正确、规范的步骤对鼓式制动器进行拆装与检测。

（二）制动器的检查与更换

1. 盘式制动器的拆装与检测（表3-2）

盘式制动器的拆装与检测操作方法及说明　　　　　　　　表3-2

步骤	操作方法及说明	质量标准及记录
1.盘式制动器的拆卸	（1）拆下车轮。 把车辆举到合适的工作高度后锁止举升臂，用车轮专用套筒拆下车轮紧固螺栓，进而拆下车轮。	□按规范步骤拆卸 □正确使用举升机
	（2）拧松制动钳上的2个螺栓。	□正确选用工具
	（3）拆下制动钳上的螺栓，取下制动钳。	□拆卸时应小心，不要损坏制动软管
	（4）把制动钳钳体和制动块从制动钳支架上取下，并用铁丝将制动钳钳体固定在车身上，防止损坏制动软管	□用铁丝将制动钳钳体固定在车身上，防止损坏制动软管 □按照"8S"整理

续上表

步骤	操作方法及说明	
2. 盘式制动器的检测	(1) 制动盘端面的检查。 检查制动盘端面,端面应平整,不允许有凹槽、凹凸不平或裂纹。如果凹槽较深,应车削制动盘端面,如估算加工后的制动盘厚度小于极限值,应更换新的制动盘。注意:更换制动盘时,同一轴上的两个制动盘必须同时更换,以确保左、右两轮的制动力相等。 (2) 制动盘端面跳动检测。 将磁性表座吸在前减振器下端,调整磁力表座接杆和百分表,使百分表测头垂直于制动盘与制动摩擦片的配合端面。将百分表归零,用手轻轻推动百分表测头,检查百分表指针是否转动自如,转动制动盘一圈,观察百分表长指针的摆动量,百分表长指针的摆动量即制动盘的端面跳动量,制动盘端面跳动量应不大于0.06mm,如跳动量超过0.06mm,则应进行车削加工,如估算加工后的制动盘厚度小于极限值,则应更换新的制动盘。 (3) 制动盘厚度检测。 制动盘使用一定里程或经过车削加工后,应使用内径千分尺测量制动盘的厚度。测量位置离制动盘边缘约13mm,均匀分布在测量盘上圆周方向4个点或6个点。若制动盘磨损,或制动盘经过车削加工后厚度小于极限值,则应更换新的制动盘。 (4) 制动摩擦片的检测。 使用金属刷清洁制动摩擦片卡槽内的粉尘,具体如下:	□ 正确选用工具测量制动盘厚度 □ 正确使用磁力表座接杆和百分表进行测量 □ 更换制动盘时,同一轴上的两个制动盘必须同时更换,以确保左、右两轮的制动力相等 □ 正确使用内径千分尺进行测量

续上表

步骤	操作方法及说明	
2.盘式制动器的检测	①检查摩擦面是否开裂、损坏。 ②检查制动摩擦片是否与安装板脱离。 ③利用游标卡尺测量制动摩擦片衬片的厚度,选择制动摩擦片的长边最左、最右2个点和中间1个点,共计3个点,进行厚度测量,如不符合原厂标准,则进行更换	□正确使用游标卡尺测量摩擦片衬片的厚度 □更换制动摩擦片时,同一轴上两侧的制动摩擦片必须同时更换,以确保左、右两轮的制动力相等 □按照"8S"整理

续上表

步骤	操作方法及说明	
3.盘式制动器的安装	（1）用制动钳活塞专用压具把制动钳活塞压回制动钳钳体内，把一个制动块安装在制动钳支架上，另一个制动块安装在制动钳活塞凹槽内。 	□按规范步骤安装 □制动液具有毒性和腐蚀性，会损坏油漆，为避免在压回活塞时制动液外溢而损坏油漆，在压缩活塞之前应从制动液储液罐中抽出一部分制动液
	（2）把制动钳钳体安装在制动器支架上，旋上制动钳固定螺栓，将可调扭力扳手力矩调整到70N·m，拧制动钳固定螺栓，直至听到扭力扳手发出"咔嗒"一声为止，并安装好制动块保持弹簧。 	□正确选用工具拧紧
	（3）把车轮安装在制动盘上，对准螺栓孔，拧上螺栓，按规定力矩拧紧车轮紧固螺栓，解除举升机锁止装置，降下车辆 	□注意与拆卸顺序相反安装
		□按照"8S"整理

2. 鼓式制动器的拆装与检测 (表3-3)

鼓式制动器的拆装与检测操作方法及说明　　　　表3-3

步骤	操作方法及说明	质量标准及记录
1.鼓式制动器的拆卸	(1) 把车辆举到合适的工作高度后锁止举升臂，用车轮专用套筒拆下车轮上的紧固螺栓，拆下车轮，并用专用工具拆下轮毂轴承盖。 (2) 使用扭力扳手加24mm套筒逆时针拧松制动鼓上的锁紧螺栓，旋出制动鼓的锁紧螺栓。 (3) 用一字螺丝刀通过制动鼓螺孔向上拨动楔形块，使制动蹄与制动鼓之间的间隙变大，边旋转边拉出制动鼓，并取出外轴承。 (4) 用一只手在制动底板后抵住制动蹄保持架定位销，用尖嘴钳夹住弹簧座，压缩弹簧，将弹簧座旋转90°，使定位销的扁头与弹簧座的一字槽对齐，取下弹簧座、弹簧、定位销。	□ 按规范步骤拆卸 □ 正确使用举升机 □ 正确使用扭力扳手 □ 使制动蹄与制动鼓之间的间隙变大(便于取下制动鼓) □ 按规范步骤拆卸 □ 正确使用一字螺丝刀

续上表

步骤	操作方法及说明	质量标准及记录
1.鼓式制动器的拆卸	 (5)拆下楔形块复位弹簧,以后轮毂短轴为支点,用一字螺丝刀将制动蹄从下支架撬出,将2个制动蹄从制动底板上拆下。 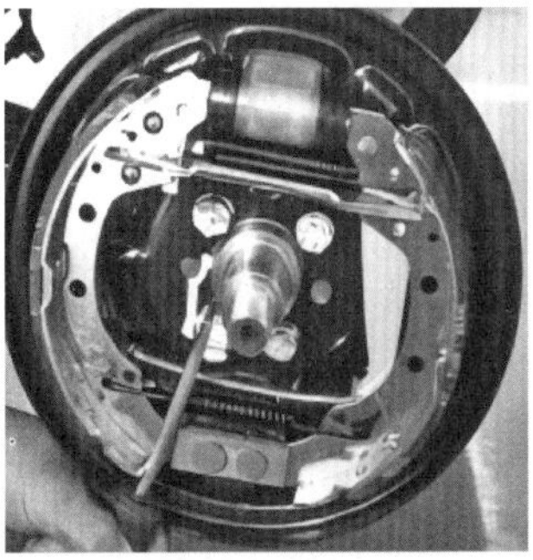 (6)取下2个制动蹄复位弹簧,并用尖嘴钳拆下制动杆上面的驻车制动拉索。 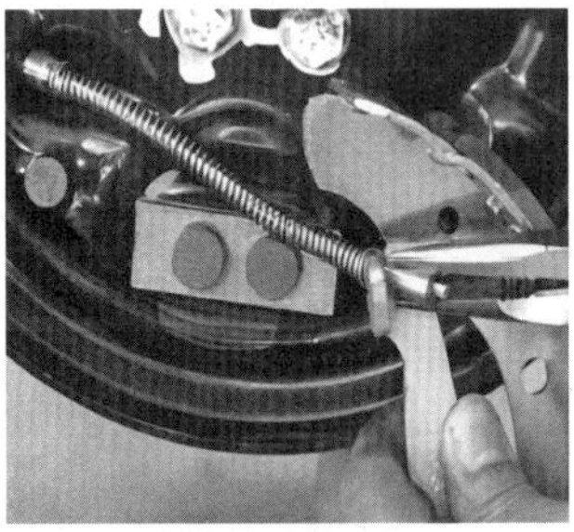 (7)取出楔形块,将前、后制动蹄分解 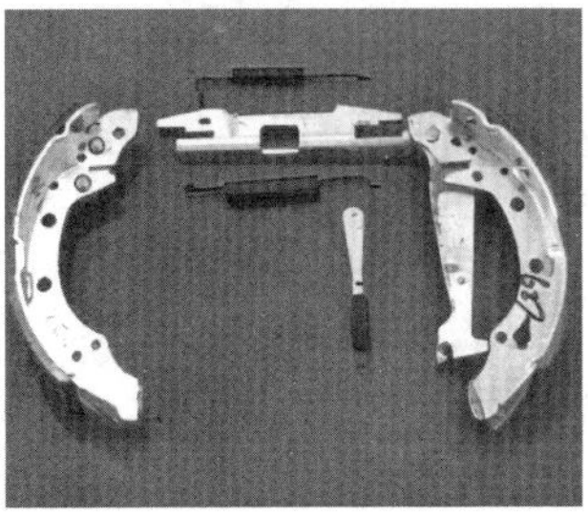	□正确使用尖嘴钳 □按照"8S"整理

续上表

步骤	操作方法及说明	质量标准及记录
2.鼓式制动器的检测	(1)制动蹄摩擦片的检查。 制动时,若制动器发出尖叫声,表示制动蹄摩擦片质量差,太硬,必须更换,否则会磨损制动鼓。观察制动蹄摩擦片表面有无被制动液或油脂污损的情况,如有,则应更换新件。 (2)用直尺测量制动蹄摩擦片厚度。 制动蹄摩擦片厚度标准值为5.0mm,极限值为2.5mm,如超过磨损极限值,则应更换新件。更换摩擦片时,可以连同制动蹄一起更换,也可以只更换摩擦片。注意:同一轴上的制动蹄应更换型号和质量等级相同的摩擦片。 (3)后轮制动轮缸的检查。 检查橡胶皮碗是否完好,轮缸有无泄漏,如制动轮缸上出现划痕或者锈蚀,则应更换整个制动轮缸	□按规范步骤检测 □注意观察制动蹄摩擦片表面有无被制动液或油脂污损的情况 □正确使用直尺测量 □如制动轮缸上出现划痕或者锈蚀,则应更换整个制动轮缸 □按照"8S"整理

续上表

步骤	操作方法及说明	质量标准及记录
3.鼓式制动器的安装	(1)把楔形块安装在压力杆上,凸出一边朝向制动底板,用另一弹簧拉动上复位弹簧上钩,固定压力杆,并安装楔形块复位弹簧。	□按规范步骤安装
	(2)夹住驻车制动拉索,另一端用钳子拉出弹簧1cm,将驻车制动拉索装在驻车制动杆上。	□严禁暴力安装
	(3)将组装好的前、后制动蹄上端装于制动轮缸凹槽中,安装制动器下端复位弹簧,勾住2个制动蹄,以后轮毂短轴为支点,用一字螺丝刀将制动蹄撬入下支架内。	□正确使用一字螺丝刀
	(4)调整2个制动蹄在制动底板上的位置,使组合后的前、后制动蹄居中,将定位销通过制动底板后面的安装孔安装在制动底板上,用手将定位销抵在制动底板上,并用尖嘴钳夹住弹簧座,压缩弹簧,将弹簧座旋转90°,使定位销卡在弹簧座槽内。	□按规范步骤安装

续上表

步骤	操作方法及说明	质量标准及记录
3.鼓式制动器的安装	（5）用一字螺丝刀将楔形块上挑1cm。使前、后制动蹄靠近制动轮缸，增大制动蹄与制动鼓之间的间隙，便于制动鼓的安装。 （6）把制动鼓装入轮毂轴中，先将制动鼓外轴承清洗干净并涂上适量润滑脂，然后把轴承装入制动鼓的轴承孔中，旋上制动鼓的锁紧螺母，用扭力扳手加24mm套筒按规定力矩拧紧锁紧螺母，检查轮毂轴承的预紧度，轻轻转动制动鼓，感觉没有阻力即可。 （7）调整好轮毂轴承预紧度以后，安装开口销使其成蝴蝶形状，起锁止防松作用。装上轮毂轴承盖，把车轮安装在制动鼓上，对准螺栓孔，拧上螺栓，按规定力矩拧紧车轮紧固螺栓，解除举升机锁止装置，落下车辆	□正确使用一字螺丝刀 □正确使用扭力扳手加24mm套筒按规定力矩拧紧螺母 □正确使用举升机 □按照"8S"整理

四、评价反馈(表3-4)

评价表　　　　　　　　　　　　　　　　　　　　　　表3-4

评分项目	评分标准	分值(分)	得分(分)
学习目标	能明确本任务的知识目标、技能目标、素养目标,理解任务在工作中的重要程度	5	
工作任务分析	能清晰地描述本次工作任务的内容	2	
	能清晰地描述完成本次工作任务的必备技能与知识点	2	
有效信息获取	能查阅资料,准确填写本次实训车辆的基本信息	5	
	能识读整车检查维护单,准确填写整车外部检查的作业项目、作业内容	5	
	能查阅资料,填写汽车制动无力的常见故障	5	
	能查阅资料,正确识别并填写制动器的问题类型	5	
实施方案制订	能清晰地制订并填写本次制动器的检查与更换的准备作业计划	5	
	能组织或协同工作小组成员,明确本次任务所需的仪器设备、工具、材料,并准备记录	5	
	能组织或协同工作小组成员进行交流,优化检查方案,并记录	5	
任务实施	能规范地进行作业前现场环境检查,并记录	4	
	能检查并规范穿戴个人防护用具,并记录	4	
	能规范进行盘式制动器的拆卸,并记录	5	
	能规范进行盘式制动器的检测,并记录	5	
	能规范进行盘式制动器的安装,并记录	5	
	能规范进行鼓式制动器的拆卸,并记录	5	
	能规范进行鼓式制动器的检测,并记录	5	
	能规范进行鼓式制动器的安装,并记录	5	
任务评价	通过本次任务实施,结合自己在实训过程中的表现,进行自我评价及自我反思,并记录	5	
职业素养	能按规定时间完成项目作业	2	
	能遵守实训室管理规定和劳动纪律	2	
	能积极参与课堂活动和回答问题	2	
	能按时出勤	2	
思政要求	爱岗敬业、尊重教师、团结同学,按文明生产规则进行操作,做好交流沟通,展示良好的工匠精神和职业素养	5	
总计		100	

续上表

改进建议：
教师签字： 日期：

学习活动2　行车制动系统的检查与更换

一、明确任务

根据任务描述学生领取汽车维修任务后,通过阅读维修工单,明确任务要求,查阅维修手册,确定作业方案;然后在规定工期内对行车制动系统进行检查与更换,使其恢复正常使用性能。

二、工作准备与计划制订

(一)知识准备

1. 行车制动系统的功用

保证车辆在行驶中_____或停车,在汽车行驶时经常采用。

2. 行车制动系统的组成

行车制动系统主要由制动主缸、_____、制动管路、制动轮缸、制动器组成。

制动系统的组成

3. 行车制动系统的分类

行车制动系统按工作介质不同,可分为液压制动系统和气压制动系统。

1) 液压制动系统

(1) 液压制动系统由制动液储液罐、制动主缸、防抱死制动系统(ABS)控制单元、制动踏板、制动助力器、制动盘、前轮制动器、制动液压管路、驻车制动器、后轮制动器组成,如图3-8所示。

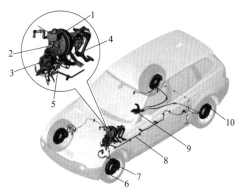

图3-8　液压制动系统

1-制动液储液罐;2-制动主缸;3-ABS控制单元;4-制动踏板;5-制动助力器;6-制动盘;7-前轮制动器;8-制动液压管路;9-驻车制动器;10-后轮制动器

(2)液压制动系统的工作原理:利用制动液在密闭的制动管路中传递压力,使制动蹄摩擦片与制动鼓或制动盘产生摩擦,从而实现车辆的减速或停车。

2)气压制动系统

(1)气压制动系统由空气压缩机、制动踏板、制动阀、至后轮、至前轮、制动臂、制动气室、制动蹄、贮气罐、气压表等组成,如图3-9所示。

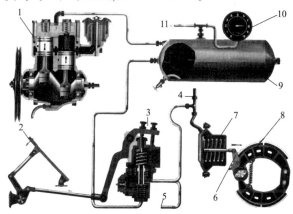

图3-9　气压制动系统

1-空气压缩机;2-制动踏板;3-制动阀;4-至后轮;5-至前轮;6-制动臂;7-制动气室;8-制动蹄;9-贮气罐;10-气压表;11-至喇叭

(2)气压制动系统的工作原理:通过发动机驱动的空气压缩机将压缩空气输送到储气筒中储存。当驾驶员踩下制动踏板时,制动阀会打开,将储气筒中的_____输送到各个制动气室中。

压缩空气推动制动气室中的膜片,使制动蹄摩擦片与制动鼓或制动盘接触并产生摩擦,从而实现车辆的减速或停车。

4.真空助力器

(1)真空助力器由真空单向阀、左外壳、橡胶反作用盘、制动主缸推杆、膜片复位弹簧、真空阀座、_____、助力器推杆、空气滤清器、助力器推杆复位弹簧、阀门弹簧、空气阀、气室膜片、右外壳、气室膜片盖板组成,如图3-10所示。

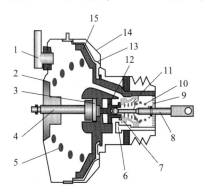

图 3-10 真空助力器

1-真空单向阀;2-左外壳;3-橡胶反作用盘;4-制动主缸推杆;5-膜片复位弹簧;6-真空阀座;7-真空阀;8-助力器推杆;9-空气滤清器;10-助力器推杆复位弹簧;11-阀门弹簧;12-空气阀;13-气室膜片;14-右外壳;15-气室膜片盖板

(2)真空助力器的工作原理:利用发动机工作时产生的_____(真空)来辅助驾驶员施加制动力。

真空泵:通常由发动机驱动,通过曲轴或凸轮轴传动皮带,抽取发动机进气歧管内的废气,真空泵会产生一个降压并抽出空气的区域,形成_____环境。

真空负压传输:通过连接在_____出口的真空管路,将抽取的真空压力传送到制动器上的真空助力器。真空管路通常由多个分支组成,分别连接到不同的制动器或其他辅助装置上。

助力器工作:当驾驶员踩下制动踏板时,真空助力器内的活塞将相应移动,使进气阀打开。在真空的作用下,气压差会使活塞内的气体移动,增加制动器的压力。这样可以提供更大的制动力,减小驾驶员踩踏制动踏板所需的力量。

减少制动器卡滞:当制动器释放时,进气阀关闭,真空助力器内的压力迅速恢复至正常状态。这有助于避免制动器在释放时_____,即制动器无法完全释放。

(二)制订工作方案

1. 任务分工(表3-5)

学生任务分配表   表3-5

班级		组号		指导老师	
组长		任务分工			
组员1		任务分工			
组员2		任务分工			
组员3		任务分工			

续上表

班级		组号		指导老师	
组员4		任务分工			
组员5		任务分工			
组员6		任务分工			

2. 工量具、仪器设备与耗材准备

(1) 使用的工量具有：_____。

(2) 使用的仪器设备有：_____。

(3) 使用的耗材有：_____。

3. 具体方案描述

_____

_____

_____

_____

_____

 三、计划实施

(一) 安全注意事项及技能要点

1. 安全注意事项

(1) 不准赤脚或穿拖鞋、高跟鞋和裙子上课，留长发者要戴工作帽。

(2) 上课时要集中精神，不准说笑、打闹。

(3) 进入汽车实训场地后，未经老师批准，不得动用实训车上的各项设备。

(4) 正确使用举升机和工具。

(5) 举升车辆前检查举升机有无漏电、漏油状况，防止汽车举升时发生意外造成重大事故。

(6) 举升车辆时，将举升臂的四个支撑点支撑在车身底板的加强筋上。

(7) 当车辆举升到工作高度时，应将举升机进行机械保险，在举升机保险装置落下之前，禁止在车下作业。

(8) 实习结束后，整理清洁工具并清理场地。

2. 技能要点

(1) 正确、规范地对制动踏板进行检查。

(2) 正确、规范地对真空助力装置进行检查。

(3) 正确、规范地对制动液进行更换。

(二)行车制动系统的检查与更换

1. 制动踏板的检查(表 3-6)

汽车制动液的更换

表 3-6 制动踏板的检查操作方法及说明

步骤	操作方法及说明	质量标准及记录
1. 制动踏板高度的检查	在松开制动踏板的情况下,量取制动踏板到驾驶室底板的高度 (图示:制动踏板推杆、停车灯开关、制动踏板高度) 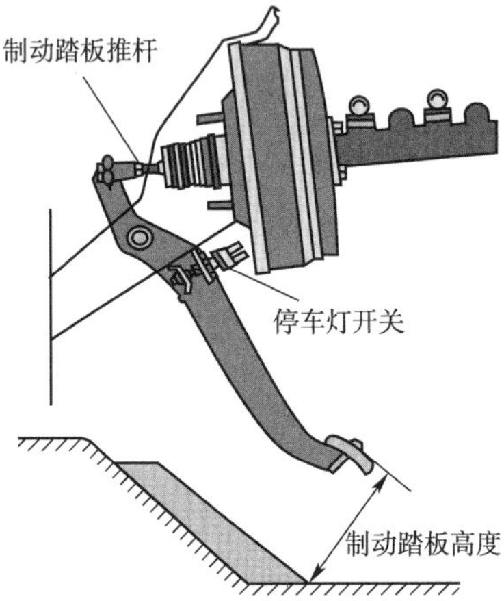	□测量时选用钢直尺,直尺应与驾驶室底板垂直,测量时注意制动踏板测量点(中部) □按照"8S"整理
2. 制动踏板自由行程的检查	首先踩下制动踏板数次,以消除助力器的真空助力效果,然后轻柔而缓慢地将制动踏板压下,直到感觉到有阻力为止。在此测量过程中,制动踏板所经过的行程,即制动踏板自由行程 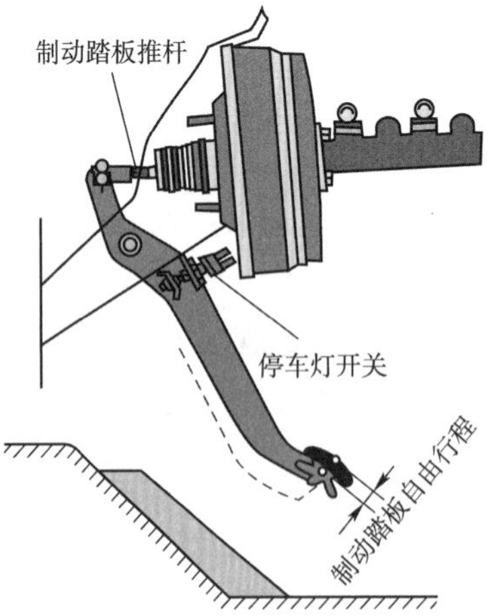 (图示:制动踏板推杆、停车灯开关、制动踏板自由行程)	□按规范步骤检查 □按照"8S"整理

续上表

步骤	操作方法及说明	质量标准及记录
3.制动踏板行程余量的检查	在发动机运转的情况下,放开驻车制动拉杆,用大约490N的力踩下制动踏板,并测量从制动踏板到驾驶室底板的距离	□测量时选用钢直尺 □按照"8S"整理

2. 真空助力装置的检查(表3-7)

真空助力装置的检查操作方法及说明   表3-7

步骤	操作方法及说明	质量标准及记录
1.气密性功能的检查	助力的产生要求为制动助力器内必须保持真空状态,真空阀必须完全关闭,使空气室和真空室隔开,且空气必须从空气阀中流出	□注意真空阀必须完全关闭 □按照"8S"整理
2.助力性能的检查	如果发动机起动,而且制动助力器里没形成真空,关闭真空阀并开启空气阀,就会使空气室内形成真空,在此时可以通过检查制动踏板情况来检查真空助力操作情况	□按规范步骤检查 □按照"8S"整理

续上表

步骤	操作方法及说明	质量标准及记录
3.真空性的检查	(1) 起动发动机。 (2) 踩下制动踏板 30s 后停止发动机。 (3) 检查制动踏板位置,要求高度无变化 到进气歧管 大气压 真空	□按规范步骤检查 □按照"8S"整理

3. 制动液的更换(表3-8)

表3-8 制动液的更换操作方法及说明

步骤	操作方法及说明	质量标准及记录
制动液的更换	(1) 起动发动机并保持怠速运转,打开机舱盖。 (2) 掀起制动储液罐的防护盖。 (3) 清洁储液罐加注口周围的灰尘。	□按规范步骤更换

续上表

步骤	操作方法及说明	质量标准及记录
制动液的更换	（4）拧开储液罐的盖子。 （5）取出罐内过滤网。 （6）将真空抽油器的管插入罐内，抽出储液罐内的制动液。 （7）抽完后注入新的制动液，将装有制动液的抽油器插入罐内，打开注入阀门，加注制动液直至液位不再下降，表示已达到标准液位。 （8）举升车辆，按照从远到近的顺序抽取制动液。	□注意在抽出制动液的过程中，需随时旋紧放气阀螺栓，降下车辆观察制动液储液罐中的制动液高度，不能将储液罐内的制动液全部抽完，否则，制动主缸里也会有空气进入 □注意在整个更换新的制动液的过程中，应随时观察储液罐制动液的液位，及时补充新的制动液 □正确使用举升机 □按规范步骤更换

续上表

步骤	操作方法及说明	质量标准及记录
制动液的更换	(9)打开每个制动轮缸的防尘帽。 (10)套入11号扳手。 (11)接入抽油器的连接软管。 (12)拧松放气螺塞。	

续上表

步骤	操作方法及说明	质量标准及记录
制动液的更换	(13)使用真空抽油器抽取制动液。 (14)直到新的制动液流出,回复原位。 (15)随后慢慢抽取其他车轮内残留的制动液,一般顺序为右后、左后、右前、左前。 (16)确认制动液加入正常后,取出加注油壶,拧紧加油盖,放下发动机舱盖。	

续上表

步骤	操作方法及说明	质量标准及记录
制动液的更换	(17)用力踩下制动踏板,确认制动踏板行程不小于更换前的行程,同时检查各部位有无漏油现象	□按照"8S"整理

四、评价反馈(表3-9)

评价表　　　　　　　　　　　　　　　　　　　表3-9

评分项目	评分标准	分值(分)	得分(分)
学习目标	能明确本任务的知识目标、技能目标、素养目标,理解任务在工作中的重要程度	5	
工作任务分析	能清晰地描述本次工作任务的内容	2	
工作任务分析	能清晰地描述完成本次工作任务的必备技能与知识点	2	
有效信息获取	能查阅资料,准确填写本次实训车辆的基本信息	5	
有效信息获取	能识读整车检查维护单,准确填写整车外部检查的作业项目、作业内容	5	
有效信息获取	能查阅资料,填写汽车制动无力的常见故障	5	
有效信息获取	能查阅资料,正确识别并填写行车制动系统的问题类型	5	
实施方案制订	能清晰地制订并填写本次行车制动系统的检查与更换的准备作业计划	5	

续上表

评分项目	评分标准	分值(分)	得分(分)
实施方案制订	能组织或协同工作小组成员,明确本次任务所需的仪器设备、工具、材料,并准备记录	5	
	能组织或协同工作小组成员进行交流,优化检查方案,并记录	5	
任务实施	能规范地进行作业前现场环境检查,并记录	5	
	能检查并规范穿戴个人防护用具,并记录	5	
	能规范进行制动踏板高度的检查,并记录	5	
	能规范进行制动踏板自由行程及行程余量的检查,并记录	5	
	能规范进行真空助力装置气密性功能的检查,并记录	5	
	能规范进行真空助力装置助力性能的检查,并记录	5	
	能规范进行真空助力装置真空性的检查,并记录	5	
	能规范进行制动液的更换,并记录	5	
任务评价	通过本次任务实施,结合自己在实训过程中的表现,进行自我评价及自我反思,并记录	3	
职业素养	能按规定时间完成项目作业	2	
	能遵守实训室管理规定和劳动纪律	2	
	能积极参与课堂活动和回答问题	2	
	能按时出勤	2	
思政要求	爱岗敬业、尊重教师、团结同学,按文明生产规则进行操作,做好交流沟通,展示良好的工匠精神和职业素养	5	
总计		100	

改进建议:

教师签字:
日期:

学习活动3 驻车制动系统的检查与更换

一、明确任务

根据任务描述,学生领取汽车维修任务后,通过阅读维修工单,明确任务要求,查阅维修手册,确定作业方案;然后在规定工期内对驻车制动系统进行检查与更换,使其恢复正常使用性能。

二、工作准备与计划制订

(一)知识准备

1. 驻车制动系统的功用

使停驶的汽车驻留原地不动,便于在坡道上起步;行车制动器失效后临时使用或配合行车制动器进行紧急制动。

2. 驻车制动系统的组成及工作原理

(1)机械驻车制动系统主要由驻车制动杆、制动拉索及后轮制动器中的_____等组成。

(2)电控机械式驻车制动系统由离合器位置传感器、电控机械式驻车制动器按钮、AUTO HOLD 按钮、电控机械式驻车制动器控制单元、防抱死制动系统(ABS)控制单元、左制动电机、右制动电机、电控机械式驻车制动器指示灯、制动装置指示灯、电控机械式驻车制动系统故障指示灯、AUTO HOLD 指示灯组成,如图 3-11 所示。

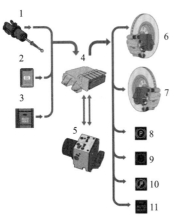

图3-11 电控机械式驻车制动系统
1-离合器位置传感器;2-电控机械式驻车制动器按钮;3-AUTO HOLD 按钮;4-电控机械式驻车制动器控制单元;5-ABS 控制单元;6-左制动电机;7-右制动电机;8-电控机械式驻车制动器指示灯;9-制动装置指示灯;10-电控机械式驻车制动系统故障指示灯;11-AUTO HOLD 指示灯

(3)电控机械式驻车制动系统的工作原理:当需要驻车制动时,驾驶员会按下电子驻车制动系统(EPB)按钮。这个按钮操作信号会反馈给_____,电控机械式驻车制动器控制单元接收到信号后会启动电机。电机通过皮带和斜盘式齿轮机构驱动丝杆,丝杆则通过旋转运动使止推螺母沿着丝杆螺纹向前移动。止推螺母与制动器活塞接触并按压制动摩擦片,制动摩擦片随后压到制动盘上,从而实现驻车制动。

(4)制动执行器由制动活塞、螺杆、制动盘、气缸组成,如图3-12所示。

3. 驻车制动系统的分类

1)电子驻车制动系统

(1)驻车制动功能。

当车辆在小于30°的坡道上驻车时,电子机械式驻车制动功能可确保制动住车辆。

①启动:电子机械式驻车制动系统可在任何时候启动。即使在点火开关关闭时,如果要启动驻车制动,只需提起_____(图3-13),此时驻车制动按钮上的指示灯和组合仪表上的制动系统指示灯会一起亮起约30s,然后熄灭。

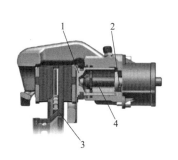

图3-12 制动执行器

1-制动活塞;2-螺杆;3-制动盘;4-气缸

图3-13 电子驻车制动按钮

②解除:将点火开关打开,同时踩下_____和按下驻车制动按钮,就可解除驻车制动。另外,当驾驶员关闭车门,起动发动机并踩下加速踏板准备起步时,驻车制动就会自动解除。

(2)动态起步辅助功能。

当车辆在小于30°的坡道上起步时,动态起步辅助功能可以使车辆起步时避免震动或溜车。

启动该功能时需满足以下条件:驾驶员侧车门关闭、已起动发动机。

(3)动态紧急制动功能。

当制动踏板功能发生故障或_____被卡住时,可通过动态紧急制动功能驻车。

①启动:提起驻车制动按钮并保持住,即可对行驶中的车辆以约$6m/s^2$的减速度进行强行_____,此时会有警告音响起,且制动灯亮起。当车速大于7km/h时,通过4个车轮产生_____。当车速小于7km/h时,按下电控机械式驻车制动按钮,可以自动启动驻车制动。

②解除:如果在动态紧急制动后,车速仍大于7km/h,松开驻车制动按钮或踩下加速踏板,就可解除制动。

2)机械驻车制动系统。

机械驻车制动系统按其安装位置不同,可分为中央制动器和_____制动器;按制动器的结构形式的特点可分为鼓式、_____、带式、弹簧作用式。

（1）中央制动器。

中央制动器安装在变速器的后面，制动力矩作用在_____上，由按钮、拉杆弹簧、驻车制动杆、_____、摆臂、拉杆、调整螺母、凸轮轴、滚轮、制动蹄、偏心支承销孔、摇臂、传动杆、锁止棘爪、齿扇、_____组成，如图3-14所示。

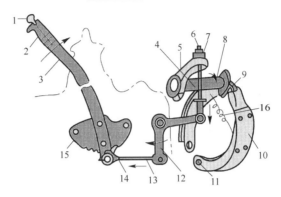

图3-14 中央制动器

1-按钮；2-拉杆弹簧；3-驻车制动杆；4-压紧弹簧；5-摆臂；6-拉杆；7-调整螺母；8-凸轮轴；9-滚轮；10-制动蹄；11-偏心支承销孔；12-摇臂；13-传动杆；14-锁止棘爪；15-齿扇；16-复位弹簧

中央制动器的工作原理：当驾驶员施加制动力时，制动力矩会经过驱动桥再分配到两侧车轮的制动器，从而使车轮停止转动并保持车辆稳定停放。这种制动方式主要依赖传动轴和驱动桥的机械连接来实现制动力的传递。

（2）车轮制动器。

车轮驻车制动式制动器通常与车轮制动器共用一个制动器总成，只是_____相互独立。

带驻车制动的鼓式车轮制动器由驻车制动杆、连接头（带棘爪）、拉索、调节螺母、支架、螺母、扇齿、_____、制动蹄、制动推杆、制动杠杆、复位弹簧组成，如图3-15所示。

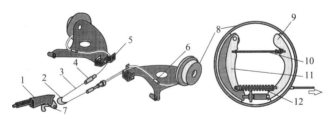

图3-15 带驻车制动的鼓式车轮制动器

1-驻车制动杆；2-连接头（带棘爪）；3-拉索；4-调节螺母；5-支架；6-螺母；7-扇齿；8-制动鼓；9-制动蹄；10-制动推杆；11-制动杠杆；12-复位弹簧

带驻车制动的盘式车轮制动器由制动钳体、活塞护罩、密封圈、自调螺杆密封圈、膜片弹簧支承垫圈、驻车制动杠杆护罩、驻车制动杠杆、_____、自调螺杆、挡片、推力球轴承、自调螺母、螺母扭簧、_____组成，如图3-16所示。

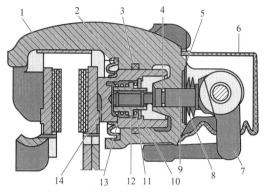

图 3-16　带驻车制动的盘式车轮制动器

1-制动钳体;2-活塞护罩;3-密封圈;4-自调螺杆密封圈;5-膜片弹簧支承垫圈;6-驻车制动杠杆护罩;7-驻车制动杠杆;8-膜片弹簧;9-自调螺杆;10-挡片;11-推力球轴承;12-自调螺母;13-螺母扭簧;14-活塞

(二)制订工作方案

1. 任务分工(表 3-10)

学生任务分配表　　　　　　表 3-10

班级		组号		指导老师	
组长		任务分工			
组员 1		任务分工			
组员 2		任务分工			
组员 3		任务分工			
组员 4		任务分工			
组员 5		任务分工			
组员 6		任务分工			

2. 工量具、仪器设备与耗材准备

(1)使用的工量具有:_____。

(2)使用的仪器设备有:_____。

(3)使用的耗材有:_____。

3. 具体方案描述

_____

_____

_____

_____

_____

三、计划实施

(一)安全注意事项及技能要点

1. 安全注意事项

(1)不准赤脚或穿拖鞋、高跟鞋和裙子上课,留长发者要戴工作帽。

(2)上课时要集中精神,不准说笑、打闹。

(3)进入汽车实训场地后,未经老师批准,不得动用实训车上的各项设备。

(4)正确使用举升机和工具。

(5)举升车辆前检查举升机有无漏电、漏油状况,防止汽车举升时发生意外,造成重大事故。

(6)举升车辆时,将举升臂的四个支撑点支撑在车身底板的加强筋上。

(7)当车辆举升到工作高度时,应将举升机进行机械保险,在举升机保险装置落下之前,禁止在车下作业。

(8)实习结束后,整理清洁工具并清理场地。

2. 技能要点

(1)正确、规范地对驻车制动系统进行检查与调整。

(2)正确、规范地对带驻车制动的盘式制动器进行拆装与检测。

(3)正确、规范地对带驻车制动的鼓式制动器进行拆装与检测。

(4)正确、规范地对电子机械驻车制动系统进行检查与调整。

(二)驻车制动系统的检查与更换

1. 驻车制动系统的检查与调整(表3-11)

驻车制动系统的检查与调整操作方法及说明　　　　表3-11

步骤	操作方法及说明	质量标准及记录
驻车制动系统的检查与调整	驻车制动杆自由行程为驻车制动杆移动2个齿,当放松驻车制动时,两后轮都能自由转动。如不符合要求,则按照下述方法进行调整。调整应在摇臂与拉杆连接之前进行。 (1)松开驻车制动杆,使驻车制动杆处在最下位置,然后向上拉,棘爪只能有2个齿的自由行程。拉到第3齿时,应有制动感觉,拉到第5齿时,汽车应能完全被制动住。	□注意驻车制动杆自由行程为驻车制动杆移动2个齿,当放松驻车制动时,两后轮都能自由转动 □注意棘爪只能有2个齿的自由行程,拉到第3齿时,应有制动感觉

续上表

步骤	操作方法及说明	质量标准及记录
驻车制动系统的检查与调整	(2) 如自由行程仍较大,可以改变摇臂与凸轮轴的相对位置。调整时,将驻车制动杆放松至最前位置,松开夹紧螺母,取下摇臂,逆时针方向转动几个齿后再重新装上,重复上述操作,直至达到要求为止。最后用锁紧螺母锁紧,调整螺母的位置。 (3) 驻车制动杆放松后,用塞尺测量摩擦片和制动鼓之间的间隙,间隙必须留在 0.1~0.4mm。此时用 294N 的力拉紧驻车制动杆,棘爪在齿板上只能滑过 5 个齿。 (4) 用力踩下制动踏板并保持不动。 (5) 把驻车制动杆向上拉紧到 2 个齿的位置,使驻车制动系统开始产生制动力。 (6) 拧紧驻车制动杆后端部位的调整螺母,直到用手不能旋转被制动的两后轮为止。 (7) 松开驻车制动杆,用手推两后轮,使其能自如旋转即调整完成	□按规范步骤检查 □正确使用塞尺测量 □按照"8S"整理

2. 带驻车制动的盘式制动器的拆装与检测(表3-12)

带驻车制动的盘式制动器的拆装与检测操作方法及说明　　表3-12

步骤	操作方法及说明	质量标准及记录
1. 带驻车制动的盘式制动器的拆卸	(1)把车辆举到合适的工作高度后锁止举升臂,用车轮专用套筒拆下车轮紧固螺栓,并拆下车轮。 (2)用一字螺丝刀拆下制动钳上的保持弹簧。 (3)使用棘轮扳手加7mm内六角扳手拆下制动钳钳体上的2个固定螺栓。 (4)把制动钳钳体和制动块从制动钳支架上取下,并用铁丝将制动钳钳体固定在车身上,防止损坏制动软管。	□按规范步骤拆卸 □正确使用举升机 □正确使用一字螺丝刀 □正确使用棘轮扳手、内六角扳手 □用铁丝将制动钳钳体固定在车身上,防止损坏制动软管

续上表

步骤	操作方法及说明	质量标准及记录
1.带驻车制动的盘式制动器的拆卸	（5）从支架上取下制动器的一个制动块，再从制动钳的活塞上取下另一个制动块。	□严禁暴力拆卸 □按照"8S"整理
2.带驻车制动的盘式制动器的检测	（1）制动盘端面的检查。 检查制动盘端面，端面应平整，不允许有凹槽、凹凸不平或裂纹。如果凹槽较深，应车削制动盘端面，如估算加工后的制动盘厚度小于极限值17.8mm，则应更换新的制动盘。 （2）制动盘端面跳动检测。 将磁性表座吸在前减振器下端，调整磁力表座接杆和百分表，使百分表测头垂直于制动盘与制动摩擦片的配合端面。	□正确选用工具测量制动盘厚度 □正确使用磁力表座接杆和百分表进行测量

续上表

步骤	操作方法及说明	质量标准及记录
2. 带驻车制动的盘式制动器的检测	将百分表归零,用手轻轻推动百分表测头,检查百分表指针是否转动自如;转动制动盘一圈,观察百分表长指针的摆动量,百分表长指针的摆动量即制动盘的端面跳动量,制动盘端面跳动量应不大于 0.06mm,如跳动量超过 0.06mm,则应进行车削加工,如估算加工后的制动盘厚度小于极限值17.8mm,则应更换新的制动盘。 (3)制动盘厚度的检测。 制动盘使用一定里程或经过车削加工后,应使用游标卡尺测量制动盘的厚度。制动盘的正常厚度为20mm,若制动盘磨损或估算制动盘经过车削加工后厚度小于 17.8mm,则应更换新的制动盘。 (4)制动摩擦片的检测。 汽车进行维护作业或者制动效能差、制动时制动器发出尖叫声时,必须检查制动摩擦片。检查制动摩擦片时应使用游标卡尺测量摩擦片的厚度(包括底板)。当制动摩擦片的厚度小于7mm 时,应更换新的制动摩擦片	□更换制动盘时,同一轴上的2个制动盘必须同时更换,以确保左、右两轮的制动力相等 □正确使用游标卡尺测量 □更换制动盘时,同一轴上的2个制动盘必须同时更换,以确保左、右两轮的制动力相等 □正确使用游标卡尺测量制动摩擦片厚度 □注意更换制动摩擦片时,同一轴上的两侧的摩擦片必须同时更换,以确保左、右两轮的制动力相等

续上表

步骤	操作方法及说明	质量标准及记录
2.带驻车制动的盘式制动器的检测		☐按照"8S"整理
3.带驻车制动的盘式制动器的安装	（1）用制动钳活塞专用压具把制动钳活塞压回制动钳钳体内。 （2）把一个制动块安装在制动钳支架上，另一个制动块安装在制动钳活塞凹槽内。 （3）把制动钳钳体安装到制动器支架上，旋上制动钳固定螺栓，将可调扭力扳手力矩调整至70N·m，拧制动钳固定螺栓，直至听到扭力扳手发出"咔嗒"一声为止，并安装好制动块保持弹簧。	☐按规范步骤安装 ☐制动液具有毒性和腐蚀性，会损坏油漆，为避免在压回活塞时制动液外溢而损坏油漆，在压缩活塞之前应从制动液储液罐中抽出一部分制动液 ☐正确选用工具拧紧

续上表

步骤	操作方法及说明	质量标准及记录
3.带驻车制动的盘式制动器的安装	（4）把车轮安装到制动盘上，对准螺栓孔，拧上螺栓，按规定力矩拧紧车轮紧固螺栓，解除举升机锁止装置，落下车辆	□注意与拆卸顺序相反安装 □按照"8S"整理

3.带驻车制动的鼓式制动器的拆装与检测（表3-13）

带驻车制动的鼓式制动器的拆装与检测操作方法及说明　　表3-13

步骤	操作方法及说明	质量标准及记录
1.带驻车制动的鼓式制动器的拆卸	（1）把车辆举到合适的工作高度后锁止举升臂，用车轮专用套筒拆下车轮上的紧固螺栓，拆下车轮，并用专用工具拆下轮毂轴承盖。 （2）使用扭力扳手加24mm套筒逆时针方向拧松制动鼓上的锁紧螺栓，旋出制动鼓锁紧螺栓。 （3）用一字螺丝刀通过制动鼓螺孔向上拨动楔形块，使制动蹄与制动鼓之间的间隙变大，边旋转边拉出制动鼓，并取出外轴承。	□按规范步骤拆卸 □正确使用举升机 □正确使用扭力扳手 □使制动蹄与制动鼓之间的间隙变大（便于取下制动鼓）

续上表

步骤	操作方法及说明	质量标准及记录
1. 带驻车制动的鼓式制动器的拆卸	（4）用一只手在制动底板后抵住制动蹄保持架定位销，用尖嘴钳夹住弹簧座，压缩弹簧，旋转弹簧座90°，使定位销的扁头与弹簧座一字槽对齐，取下弹簧座、弹簧、定位销。 （5）拆下楔形块复位弹簧，以后轮毂短轴为支点，用一字螺丝刀将制动蹄从下支架撬出，将2个制动蹄从制动底板上拆下。 （6）取下2个制动蹄的复位弹簧，并用尖嘴钳拆下制动杆上面的驻车制动拉索。	□按规范步骤拆卸 □正确使用一字螺丝刀 □正确使用尖嘴钳

续上表

步骤	操作方法及说明	质量标准及记录
1.带驻车制动的鼓式制动器的拆卸	(7)取出楔形块,将前、后制动蹄分解	□按照"8S"整理
2.带驻车制动的鼓式制动器的检测	(1)制动蹄摩擦片的检查。 制动时,若制动器发出尖叫声,表示制动蹄摩擦片质量差,太硬,必须更换,否则会磨损制动鼓,观察制动蹄摩擦片表面有无被制动液或油脂污损的情况,如有,则应更换新件。 (2)用直尺测量制动蹄摩擦片厚度。 制动蹄摩擦片厚度的标准值为5.0mm,极限值为2.5mm,如超过磨损极限值,则应更换新件。更换摩擦片时,可以连同制动蹄一起更换,也可以只更换摩擦片。 (3)后轮制动轮缸的检查。 检查橡胶皮碗是否完好,轮缸有无泄漏,如制动轮缸上出现划痕或者锈蚀,则应更换整个制动轮缸	□按规范步骤检查 □注意观察制动蹄摩擦片表面有无被制动液或油脂污损的情况 □正确使用直尺测量 □同一轴上的制动蹄应更换型号和质量等级相同的摩擦片 □如制动轮缸上出现划痕或者锈蚀,则应更换整个制动轮缸 □按照"8S"整理

续上表

步骤	操作方法及说明	质量标准及记录
3.带驻车制动的鼓式制动器的安装	(1)把楔形块安装在压力杆上,凸出一边朝向制动底板,用另一弹簧拉动上复位弹簧上钩,固定压力杆,并安装楔形块复位弹簧。	□按规范步骤安装
	(2)夹住驻车制动拉索,另一端用钳子拉出弹簧1cm,将驻车制动拉索装在驻车制动杆上。	□严禁暴力安装
	(3)将组装好的前、后制动蹄上端装于制动轮缸凹槽中,安装制动器下端的复位弹簧,勾住2个制动蹄,以后轮毂短轴为支点,用一字螺丝刀将制动蹄撬入下支架内。	□正确使用一字螺丝刀
	(4)调整2个制动蹄在制动底板上的位置,使组合后的前、后制动蹄居中,将定位销从制动底板后面的安装孔安装在制动底板上,用手将定位销抵在制动底板上,并用尖嘴钳夹住弹簧座,压缩弹簧,将弹簧座旋转90°,使定位销卡在弹簧座槽内。	□按规范步骤安装

续上表

步骤	操作方法及说明	质量标准及记录
3. 带驻车制动的鼓式制动器的安装	(5) 用一字螺丝刀将楔形块上挑1cm,使前、后制动蹄靠近制动轮缸,增大制动蹄与制动鼓之间的间隙,便于制动鼓的安装。	□正确使用一字螺丝刀
	(6) 把制动鼓装入轮毂轴中,先制动鼓外轴承清洗干净并涂上适量润滑脂,然后把轴承装入制动鼓的轴承孔中,旋上制动鼓的锁紧螺母,用扭力扳手加24mm套筒按规定力矩拧紧锁紧螺母,检查轮毂轴承的预紧度,轻轻转动制动鼓,感觉没有阻力即可。	□正确使用扭力扳手按规定力矩拧紧螺母
	(7) 轮毂轴承预紧度调整好以后,安装开口销使其成蝴蝶形状,起锁止防松的作用。装上轮毂轴承盖,把车轮安装至制动鼓上,对准螺栓孔,拧上螺栓,按规定力矩拧紧车轮紧固螺栓,解除举升机锁止装置,落下车辆	□正确使用举升机
		□按照"8S"整理

4. 电子机械驻车制动系统(EPB)的检查与调整(表3-14)

电子机械驻车制动系统的检查与调整操作方法及说明　　表3-14

步骤	操作方法及说明	质量标准及记录
1. EPB 应急解除	电子驻车制动不能自动释放，以免造成后轮抱死，可采用以下方法进行应急解除。 (1) 关闭点火开关。 (2) 拆卸车辆后部车轮。 (3) 断开后制动钳连接插头。 (4) 拆卸下图中箭头所示的螺栓，取下驻车执行机构。 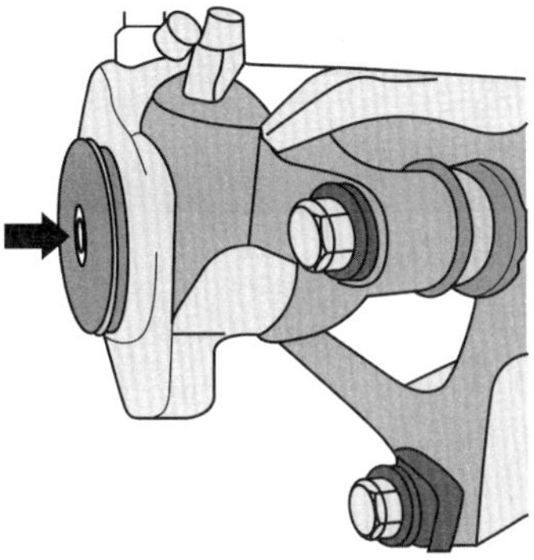 (5) 用内六角扳手按顺时针方向旋转后制动钳中的内六角花键 2～3 周，后制动钳可以轻松转动时，说明已经解除驻车执行机构	□按规范步骤拆卸 □按照"8S"整理
2. 制动摩擦片间隙调整	当车辆静止时，制动摩擦片间隙是周期性调整的。如果车辆行驶超过 1000km 后没有启动电控机械驻车制动，就会自动执行制动摩擦片间隙调整。为此，制动摩擦片从起始(零)位置按压住制动盘。 电控机械驻车制动控制单元根据电控电机的电流来计算止推螺母的行程，随后根据该值来补偿制动摩擦片的磨损 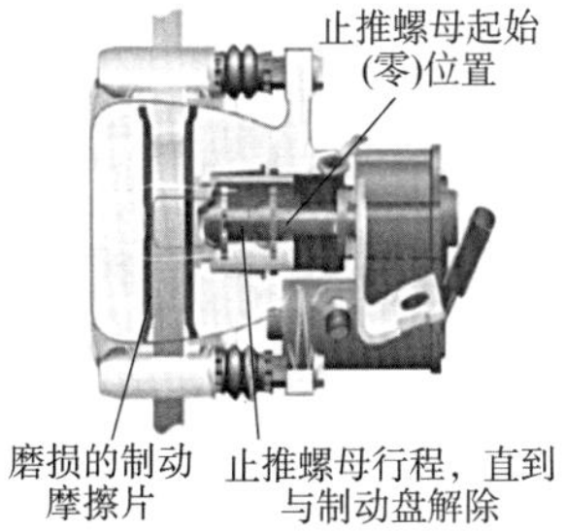	□按规范步骤调整 □按照"8S"整理
3. 制动摩擦片的更换	在没有启动电控机械驻车制动系统的情况下，对制动摩擦片进行更换。在车辆诊断、测试和 VAS 5051 信息系统的帮助下，完全打开电控机械驻车制动系统，同时止推螺母完全退回到丝杆的终端。	□按规范步骤更换

续上表

步骤	操作方法及说明	质量标准及记录
3.制动摩擦片的更换	在车辆诊断、测试和VAS 5051信息系统的帮助下,重新设定电控机械驻车制动系统,自动匹配制动摩擦片的新位置 制动器活塞　止推螺母	□按照"8S"整理

四、评价反馈(表3-15)

评价表　　　　　　　　　　　　　　　表3-15

评分项目	评分标准	分值(分)	得分(分)
学习目标	能明确本任务的知识目标、技能目标、素养目标,理解任务在工作中的重要程度	5	
工作任务分析	能清晰地描述本次工作任务的内容	2	
	能清晰地描述完成本次工作任务的必备技能与知识点	2	
有效信息获取	能查阅资料,准确填写本次实训车辆的基本信息	5	
	能识读整车检查维护单,准确填写整车外部检查的作业项目、作业内容	5	
	能查阅资料,填写汽车制动无力的常见故障	5	
	能查阅资料,正确识别并填写驻车制动系统的问题类型	5	
实施方案制订	能清晰地制订并填写本次驻车制动系统的检查与更换的准备作业计划	5	
	能组织或协同工作小组成员,明确本次任务所需的仪器设备、工具、材料,并准备记录	5	
	能组织或协同工作小组成员进行交流,优化检查方案,并记录	5	
任务实施	能规范地进行作业前现场环境检查,并记录	5	
	能检查并规范穿戴个人防护用具,并记录	5	
	能规范进行驻车制动系统的检查,并记录	5	

续上表

评分项目	评分标准	分值(分)	得分(分)
任务实施	能规范进行驻车制动系统的检查与调整,并记录	5	
	能规范进行带驻车制动的盘式制动器的拆装与检测,并记录	5	
	能规范进行带驻车制动的鼓式制动器的拆装与检测,并记录	5	
	能规范进行电子机械驻车制动系统应急解除,并记录	5	
	能规范进行电子机械驻车制动系统制动摩擦片间隙调整及更换,并记录	5	
任务评价	通过本次任务实施,结合自己在实训过程中的表现,进行自我评价及自我反思,并记录	3	
职业素养	能按规定时间完成项目作业	2	
	能遵守实训室管理规定和劳动纪律	2	
	能积极参与课堂活动和回答问题	2	
	能按时出勤	2	
思政要求	爱岗敬业、尊重教师、团结同学,按文明生产规则进行操作,做好交流沟通,展示良好的工匠精神和职业素养	5	
总计		100	

改进建议:

教师签字:
日期:

学习活动4 防抱死制动系统(ABS)的检查与更换

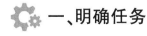

一、明确任务

根据任务描述,学生领取汽车维修任务后,通过阅读维修工单,明确任务要求,查

阅维修手册,确定作业方案;然后在规定工期内对防抱死制动系统(ABS)进行检查与更换,使其恢复正常使用性能。

二、工作准备与计划制订

(一)知识准备

1. 车轮抱死的危害

在日常开车过程中,难免遇到紧急情况,紧急制动时需避免车轮抱死情况出现。如果前轮先抱死,汽车沿直线行驶,失去转向能力;如果后轮先抱死,当超过一定速度时,在轻微的侧向力作用下就会发生_____。理想状态是:车轮处于边滚边滑的_____,车轮滑移率达到15%~20%时,附着系数最大。目前在中、高级轿车,大客车和重型车上都装备了防抱死装置。

2. ABS的定义

为了防止制动时车轮抱死后在路面上进行纯粹的滑移,提高汽车在制动过程中的转向操纵能力和_____,现代汽车在传统制动系统的基础上加装了一套电子辅助装置,即防抱死制动系统,简称ABS。

3. ABS的功用

(1)在制动过程中,自动控制和调节制动力大小。

(2)防止车轮抱死,消除侧滑、跑偏、丧失转向能力的问题。

(3)获得良好的制动性能、操纵性能和稳定性能。

4. ABS的优点

制动时保持方向稳定性,保持转向控制能力,缩短制动距离,减少轮胎磨损,减少驾驶员的紧张情绪。

5. ABS的组成

ABS系统主要由ABS总成和_____组成,如图3-17所示。ABS总成由ABS泵电机、ABS阀体、_____组成。

ABS与ASR组成与工作原理

6. ABS的布置形式

ABS的布置形式按控制形式不同,可分为独立控制、按高选原则一同控制、按低选原则一同控制;按控制通道不同,可分为单通道控制、双通道控制、三通道控制和四通道控制。

7. 轮速传感器

磁感应式轮速传感器主要是由磁感应传感头和齿圈组成。当齿圈随车轮一起转动时,磁极和齿圈的齿顶、齿跟间的间隙发生变化,引起线圈中的_____变化,从而在线圈两端产生交变电压。防抱死制动电控单元(ABS ECU)通过检测感应线圈两端的_____变化来判断轮速。由于_____信号电压受齿圈转速的影响,转速越快,信号电压越高,所以为了保证在齿圈(车轮)转速较低时_____仍能检测到信号,传感器与齿圈之间的间隙一般在1mm左右,如图3-18所示。

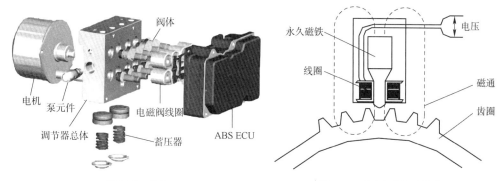

图3-17　ABS　　　　　　　　　　　　图3-18　磁感应式轮速传感器

霍尔式轮速传感器由_____和齿圈组成,传感头由永久磁铁、_____、电子电路组成。霍尔式轮速传感器如图3-19所示。当齿圈转过传感头时,穿过霍尔元件的磁场强弱发生变化,从而引起霍尔元件的_____。霍尔元件将输出一个毫伏级的正弦波电压,此信号由电子电路转化成标准的脉冲电压,输送给ABS ECU。霍尔式轮速传感器克服了磁感应式轮速传感器信号不稳定的缺点,输出信号不受转速影响,抗电子干扰能力强,因此应用越来越广。

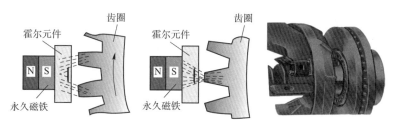

图3-19　霍尔式轮速传感器

8. 制动开关

制动开关的作用是控制制动信号灯点亮并传递制动信号给ABS控制单元。制动开关有"开"和"关"两个状态,不制动时,开关_____;制动时,开关_____。

9. ABS的工作原理

(1)常规制动过程:在ABS常规制动过程中,ABS系统不工作。电磁线圈中无电流通过,电磁阀处于"升压"位置,此时制动主缸与轮缸直通,来自制动主缸的制动液直接进入轮缸,轮缸压力随主缸压力变化而发生增减。

(2)轮缸保压过程:在轮缸减压过程中,当转速传感器发出抱死危险信号时,ECU使电磁阀通入_____电流,电磁阀处于_____位置,此时主缸、轮缸和回油孔相互隔离密封,截断所有油路,轮缸中制动压力保持不变。

(3)轮缸减压过程:若"保压"命令发出后,车轮仍有抱死倾向,ECU发出指令,使电磁阀通入较_____的电流,柱塞移至最上方,主缸与轮缸的通路被截断,将轮缸与回油通道或储液室接通,轮缸中的制动液经电磁阀流入储液室,轮缸压力_____。

(4)轮缸增压过程:当压力下降后车轮转速太快时,ECU便切断通往电磁阀的电流,柱塞下降至ECU初始位置,主缸与轮缸油路再次相通,主缸中高压制动液再次进入轮缸,使_____增加,车轮又趋近抱死状态。

(二)制订工作方案

1. 任务分工(表3-16)

学生任务分配表　　　　　　　　　　　表3-16

班级		组号		指导老师	
组长		任务分工			
组员1		任务分工			
组员2		任务分工			
组员3		任务分工			
组员4		任务分工			
组员5		任务分工			
组员6		任务分工			

2. 工量具、仪器设备与耗材准备

(1)使用的工量具有:_____。

(2)使用的仪器设备有:_____。

(3)使用的耗材有:_____。

3. 具体方案描述

_____
_____
_____
_____

三、计划实施

(一)安全注意事项及技能要点

1. 安全注意事项

(1)不准赤脚或穿拖鞋、高跟鞋和裙子上课,留长发者要戴工作帽。

(2)上课时要集中精神,不准说笑、打闹。

(3)进入汽车实训场地后,未经老师批准,不得动用实训车上的各项设备。

(4)正确使用举升机和工具。

(5)举升车辆前,检查举升机有无漏电、漏油状况,防止汽车举升时发生意外,造成重大事故。

(6)举升车辆时,将举升臂的四个支撑点支撑在车身底板的加强筋上。

(7)当车辆举升到工作高度时,应将举升机进行机械保险,在举升机保险装置落下之前,禁止在车下作业。

(8)实习结束后,整理清洁工具和并清理场地。

2.技能要点

(1)正确、规范地对 ABS 进行检测。

(2)正确、规范地对 ABS 零部件进行拆装与检测。

(3)正确、规范地对前轮转速传感器进行检修。

(4)正确、规范地对后轮转速传感器进行检修。

(二)ABS 的检查与更换

1. ABS 的检测(表 3-17)

ABS 的检测操作方法及说明 表 3-17

步骤	操作方法及说明	质量标准及记录
ABS 的检测	(1)将车辆诊断、测量和信息系统 VAS 6150A、VAS 6150B 或 VAS 6150C 接至诊断接口。 (2)当运行模式的选择按钮显示在屏幕上时,则该测试仪操作准备就绪。 ①打开点火开关。 ②接通车辆诊断、测量和信息系统 VAS 6150A、VAS 6150B 或 VAS 6150C,依次选择启动诊断、发动机、接受、无任务、控制单元列表。选择"检测计划"→"选择自己的检测"→"底盘"→"03-制动系统"→"01-车载自诊断系统 TRW450"→"03-防抱死制动系统 ABS/EDS/ASR/ESP-J104"。 ③现在车辆的 ABS 中的所有功能都已显示出来。 ④在显示屏上选择所需的功能	□按规范步骤检测 □按照"8S"整理

2. ABS 零部件的拆装与检测(表 3-18)

ABS 零部件的拆装与检测操作方法及说明 表 3-18

步骤	操作方法及说明	质量标准及记录
1.前桥上的轮速传感器的拆卸和安装	装入传感器前,清洁安装孔的内表面并涂抹固体润滑油脂。内六角螺栓拧紧力矩为8N·m。	□按规范步骤拆卸与安装 □严禁暴力拆装

续上表

步骤	操作方法及说明	质量标准及记录
1.前桥上的轮速传感器的拆卸和安装	1-ABS轮速传感器;2-内六角螺栓;3-传动轴;4-轴承壳体 (1)拆卸。 ①举升车辆。 ②将ABS轮速传感器导线和轮速传感器的插头连接脱开。 ③将内六角螺栓从车轮轴承壳体中旋出。 ④从车轮轴承壳体中拉出ABS转速传感器。 (2)安装。 ①在装入ABS轮速传感器前,要清洁安装孔的内表面,并用适量固体润滑油脂G052112A3涂抹ABS轮速传感器的四周。 ②将ABS轮速传感器装入车轮轴承壳体的孔中,并用8N·m的力矩拧紧内六角螺栓。 ③连接ABS轮速传感器的插头 1-轮速传感器插头;2-内六角螺栓;3-轮速传感器	□装入传感器前,清洁安装孔的内表面并涂抹适量固体润滑油脂 □按照"8S"整理
2.后桥上的轮速传感器的拆卸和安装	ABS感应齿圈安装在车轮轴承内。 1-ABS轮速传感器;2-内六角螺栓 3-带车轮轴承的轮毂	□按规范步骤拆卸与安装 □严禁暴力拆装

续上表

步骤	操作方法及说明	质量标准及记录
2.后桥上的轮速传感器的拆卸和安装	(1)拆卸。 ①举升车辆。 ②将 ABS 轮速传感器导线和轮速传感器的插头连接脱开。 ③将固定 ABS 轮速传感器上的内六角螺栓从车轮轴承壳体中旋出。 ④从车轮轴承壳体中拉出 ABS 轮速传感器。 (2)安装。 ①在装入 ABS 轮速传感器前,要清洁安装孔的内表面,并用适量固体润滑油脂 G052112A3 涂抹 ABS 轮速传感器的四周。 ②将 ABS 轮速传感器插入车轮轴承壳体的孔中,并用 8N·m 的力矩拧紧螺栓。 ③连接 ABS 轮速传感器的插头 1-车辆轴承壳体	□装入传感器前,清洁安装孔的内表面并涂抹适量固体润滑油脂 □按照"8S"整理

3.前轮转速传感器的检修(表 3-19)

前轮转速传感器的检修操作方法及说明　　　　　　表 3-19

步骤	操作方法及说明	质量标准及记录
1.前轮齿圈的检查	前轮转速传感器和前轮轴承的安装位置 1-固定齿圈螺钉套;2-前轮轴承弹性挡圈;3-防尘板紧固螺栓(拧紧力矩 10N·m);4-前轮轴承壳;5-转速传感器紧固螺栓(拧紧力矩 10N·m);6-转速传感器(右前 G45/左前 G47);7-防尘板;8-前轮轴承;9-齿圈;10-轮毂;11-制动盘;12-十字槽螺栓	□按规范步骤检查

续上表

步骤	操作方法及说明	质量标准及记录
1. 前轮齿圈的检查	（1）前轮轴承损坏或轴承轴向的间隙过大时，会影响前轮传感器的间隙。举升前轮，使之离地，用双手转动前轮，观察前轮摆动是否异常。若轴承的轴向间隙过大，则要检查齿圈轴向摆差，轴向摆差应不大于0.3mm。 （2）若前轮轴承损坏或轴承的轴向间隙过大，则应更换轴承。 （3）若齿圈轴向摆差过大而引起传感器与齿圈擦碰，造成齿圈变形或齿数残缺不全，则应更换前轮齿圈。 （4）若前轮齿圈完好无损，但被脏污物堵塞，则应清除齿圈空隙中的脏物	□若轴承的轴向间隙过大，则要检查齿圈轴向摆差，轴向摆差应不大于0.3mm □按规范步骤检查 □清除脏污物时，应正确选用工具 □按照"8S"整理
2. 前轮转速传感器输出电压的检测	（1）检测前轮转速传感器与齿圈之间的间隙是否符合规定，标准值为1.10~1.97mm。 （2）顶起前轮，松开驻车制动。 （3）拆下ABS电线束，在电线束插接器处测量。 （4）以30r/min的转速转动前轮，用万用表或示波器测量输出电压。 ①用万用表测量时，前轮转速传感器的输出电压应为70~310mV。 ②用示波器测量时，输出电压应为3.4~14.8mV。 （5）当输出电压不符合规定时，检查传感器是否有故障，检测传感器电阻值(1.0~1.3kΩ)，在齿圈上取4点检查齿圈与车轮转速传感器之间的间隙是否过大，检查电线束安装是否有误差	□按规范步骤检测 □前轮转速传感器与齿圈之间的间隙标准值为1.10~1.97mm □正确使用万用表或示波器进行测量 □注意检测传感器电阻值(1.0~1.3kΩ) □按照"8S"整理

4. 后轮转速传感器的检修(表3-20)

后轮转速传感器的检修操作方法及说明　　　　　　表3-20

步骤	操作方法及说明	质量标准及记录
1. 后轮齿圈的检查	后轮转速传感器和后轮轴承的安装位置。 1-轮毂盖;2-开口销;2-螺母防松罩;4-六角螺母;5-止推垫圈;6-车轮锥轴承;7-固定转速传感器内六角螺栓(拧紧力矩10N·m);8-转速传感器(右后G44/左后G46);9-车轮支承短轴;10-后轮制动器总成;11-弹簧垫圈;12-六角螺栓(拧紧力矩60N·m);13-转速传感器齿圈;14-制动鼓 (1)举升起后轮,使之离地,用双手转动后轮,感觉后轮摆动是否异常。若后轮摆动过大,则要检查后轮轴承的径向圆跳动,其值应不大于0.05mm。 (2)若后轮轴承径向圆跳动过大,则需要调整螺母调节后轴承的间隙,或者更换后轴承。 (3)若齿圈变形、有严重磨损痕迹或齿数残缺不全,则应更换后轮齿圈。 (4)若后轮齿圈完好无损,但被脏污物堵塞,则应清除齿圈空隙中的脏污物	□按规范步骤检查 □后轮轴承损坏或轴承径向圆跳动过大,会影响后传感器的间隙 □清除赃污物时,应正确选用工具 □按照"8S"整理
2. 后轮转速传感器输出电压的检测	(1)检测后轮转速传感器与齿圈之间的间隙是否符合规定,标准值为0.42~0.80mm。 (2)顶起前轮,松开驻车制动。 (3)拆下ABS电线束,在电线束插接器处测量。 (4)以30r/min的转速转动后轮,用万用表或示波器测量输出电压。 ①用万用表测量时,后轮转速传感器输出电压应大于260mV。 ②用示波器测量时,输出电压应大于12.2mV。当输出电压不符合规定时,检测传感器是否有故障,检测传感器电阻值(1.0~1.3kΩ)。	□按规范步骤检测 □正确使用万用表或示波器进行测量

续上表

步骤	操作方法及说明	质量标准及记录
2.后轮转速传感器输出电压的检测	③在齿圈上取4点检查齿圈与车轮转速传感器之间的间隙是否过大。 ④检查电线束安装是否有误差	□按照"8S"整理

四、评价反馈（表3-21）

评价表　　　　　　　　　　　　　　　　表3-21

评分项目	评分标准	分值(分)	得分(分)
学习目标	能明确本任务的知识目标、技能目标、素养目标,理解任务在工作中的重要程度	5	
工作任务分析	能清晰地描述本次工作任务的内容	2	
工作任务分析	能清晰地描述完成本次工作任务的必备技能与知识点	2	
有效信息获取	能查阅资料,准确填写本次实训车辆的基本信息	5	
有效信息获取	能识读整车检查维护单,准确填写整车外部检查的作业项目、作业内容	5	
有效信息获取	能查阅资料,填写汽车制动无力的常见故障	5	
有效信息获取	能查阅资料,正确识别并填写防抱死制动系统(ABS)的问题类型	5	
实施方案制订	能清晰地制订并填写本次防抱死制动系统(ABS)的检查与更换的准备作业计划	5	
实施方案制订	能组织或协同工作小组成员,明确本次任务所需的仪器设备、工具、材料,并准备记录	5	
实施方案制订	能组织或协同工作小组成员进行交流,优化检查方案,并记录	5	
任务实施	能规范地进行作业前现场环境检查,并记录	5	
任务实施	能检查并规范穿戴个人防护用具,并记录	5	
任务实施	能规范进行ABS检测,并记录	5	
任务实施	能规范进行ABS零部件的拆装与检测,并记录	5	
任务实施	能规范进行前轮齿圈的检查,并记录	5	
任务实施	能规范进行前轮转速传感器输出电压的检测,并记录	5	
任务实施	能规范进行后轮齿圈的检查,并记录	5	
任务实施	能规范进行后轮转速传感器输出电压的检测,并记录	5	

续上表

评分项目	评分标准	分值(分)	得分(分)
任务评价	通过本次任务实施,结合自己在实训过程中的表现,进行自我评价及自我反思,并记录	3	
职业素养	能按规定时间完成项目作业	2	
	能遵守实训室管理规定和劳动纪律	2	
	能积极参与课堂活动和回答问题	2	
	能按时出勤	2	
思政要求	爱岗敬业、尊重教师、团结同学,按文明生产规则进行操作做好交流沟通,展示良好的工匠精神和职业素养	5	
总计		100	

改进建议:

教师签字:
日期:

 任务习题

1. 单选题

(1)制动器转动缓慢有拖滞现象的原因可能是(　　)。
　　A. 系统内空气过量
　　B. 制动轮缸或制动钳活塞被卡住
　　C. 制动踏板复位弹簧拉力过大
　　D. 制动蹄摩擦片磨损量过大

(2)甲说:制动踏板的行程过大可能是制动液液面过低造成的;乙说:制动踏板的行程过大可能是液压系统内混入空气造成的。说法正确的是(　　)。
　　A. 只有甲正确　　　　　　　　B. 只有乙正确
　　C. 两人均正确　　　　　　　　D. 两人均不正确

(3)行车制动系统主要是由制动主缸、(　　)、制动管路、制动轮缸、制动器组成。
　　A. 万向节　　　B. 转矩传感器　　C. 转向角传感器　　D. 真空助力器

(4)关于汽车制动系统真空助力器的作用,以下选项正确的是(　　)。
　　A. 提高制动强度,使车辆更快停下
　　B. 通过真空助力器减轻作用在制动踏板上的力,使制动更加轻松

C. 完全取代人力进行制动
　　D. 增加车辆的油耗,提高行驶效率
(5)关于汽车驻车制动系统的作用,以下选项正确的是(　　)。
　　A. 辅助车辆启动　　　　　　　　B. 在行驶中提高稳定性
　　C. 在停车时固定车辆　　　　　　D. 提高车辆行驶速度
(6)机械驻车制动系统主要由(　　)、制动拉索及后轮制动器中的驻车制动器等组成。
　　A. ECU　　　　B. 驻车制动杆　　C. 飞轮　　　　D. 真空助力器
(7)甲说:ABS内的储能器用于储存制动液,以便为动力助力制动系统提供额外压力;乙说:ABS中的助力器泵为ABS系统提供加压制动液。说法正确的是(　　)。
　　A. 只有甲正确　　　　　　　　　B. 只有乙正确
　　C. 两人均正确　　　　　　　　　D. 两人均不正确
(8)装有ABS的汽车进行道路测试时,甲说:当用力制动,后轮企图抱死,这时应该听到来自后轮的几声"咔咔"声;乙说:制动时踏板产生海绵感是正常现象。说法正确的是(　　)。
　　A. 只有甲正确　　　　　　　　　B. 只有乙正确
　　C. 两人均正确　　　　　　　　　D. 两人均不正确

2. 判断题
(1)带驻车制动的鼓式制动器可安装在变速器后边,也可以安装在主减速器输入轴的前端。　　　　　　　　　　　　　　　　　　　　　　　　　　(　　)
(2)盘式制动器制动效能比鼓式制动器好,这是因为盘式制动器有自增力作用。
　　　　　　　　　　　　　　　　　　　　　　　　　　　　　　　(　　)
(3)行车制动系统保证车辆在行驶中减速或停车,在汽车行驶时经常采用。(　　)
(4)制动释放后,油管会保持一定压力,可防止空气入侵液压系统。　　(　　)
(5)驻车制动系统可以使停驶的汽车驻留原地不动,便于在坡道上起步。(　　)
(6)驻车制动系统可作为在行驶中经常采用的制动器。　　　　　　　(　　)
(7)ABS故障时将切断电子控制器或阻止系统工作,但仍然保持正常的动力助力制动作用。　　　　　　　　　　　　　　　　　　　　　　　　　　　(　　)
(8)对于ABS,因其限制车轮抱死,所以其制动距离会比普通制动距离大。(　　)

3. 实操练习题
请按规范拆装纯电动汽车行车制动系统。

学习任务四
汽车行驶跑偏故障检修

学习目标

1. 知识目标

(1)能描述行驶系统的类型、组成、功用以及布置形式。

(2)能说出行驶系统各总成的功用及结构特点。

(3)能分析行驶系统各总成的工作原理。

2. 技能目标

(1)能准确、规范地对行驶系统各总成进行检修。

(2)能判别行驶系统各总成的常见故障。

(3)能通过阅读维修工单,明确任务要求,查阅维修手册,确定作业方案;然后在规定工期内,完成行驶系统故障点的确认。

3. 素养目标

(1)培养节约生产成本的好品质,弘扬勤俭节约的精神。

(2)培养热爱劳动、敬畏劳动、勇于拼搏奉献的精神。

(3)养成文明实践、精益求精的劳动精神。

(4)养成敢于奋斗、敢于奉献、敢于创造的劳动精神。

参考学时

60学时。

任务描述

一辆汽车进厂维修,客户反映汽车行驶时出现跑偏现象。经班组长检查,判断为行驶系统故障,需要进行检修。

学习活动 1 车架和车桥的检查与修复

一、明确任务

根据任务描述,学生领取汽车维修任务后,通过阅读维修工单,明确任务要求,查阅维修手册,确定作业方案;然后在规定工期内对车架和车桥进行检查与修复,使其恢复正常使用性能。

二、工作准备与计划制订

(一)知识准备

1. 行驶系统的功用

汽车行驶系统的主要功用:接受由发动机经传动系统传来的转矩,并通过驱动轮与地面之间的附着作用,产生_____,以保证整车正常行驶;支承汽车的总质量;传递并支承路面作用于车轮上的各种反力及其所形成的力矩;尽可能地缓和不平路面对_____造成的冲击,减弱车身振动,保证汽车平顺行驶。

2. 行驶系统的组成

行驶系统主要由车架(或承载式车身)、车桥(包括从动桥和驱动桥)、悬架(包括前悬架和后悬架)和车轮(包括前轮和后轮)等组成。

3. 车架

1)车架的功用

汽车车架俗称"大梁",是整个汽车的安装基础,通过悬架装置固定在车桥上,其上装有发动机、变速器、传动轴、_____等总成及部件。车架使它们保持正确的相对位置,并承受来自车上和地面的各种静载荷和动载荷。

2)车架的分类

汽车车架按其结构形式,可分为边梁式车架、中梁式车架、综合式车架和无梁式车架(承载式车身),如图 4-1 ~ 图 4-4 所示。

车架

3)车身的结构形式

车身的结构形式分为非承载式车身和承载式车身。

4)车架的检修

车架可采用车体矫正机进行检测(最先进、最科学的检测方法)。

车架的修理包括车架变形的修理、车架裂纹的修理、车架的重铆、车架附件的修理。

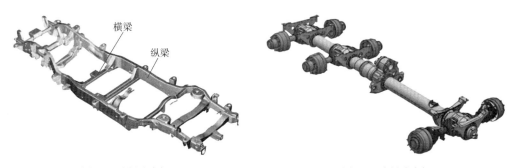

图4-1 边梁式车架　　　　　图4-2 中梁式车架

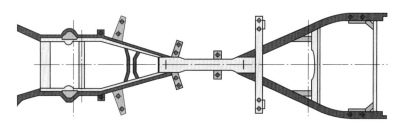

图4-3 综合式车架

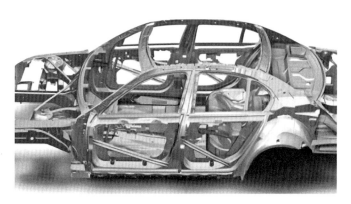

图4-4 无梁式车架

4. 车桥

车桥通过悬架与车架(或承载式车身)相连,两端安装_____,支承着汽车的大部分质量。其功用是传递车架(或承载式车身)与车轮之间各方向作用力及其产生的_____和转矩。

1) 车桥的分类

(1) 按配用悬架结构不同,车桥分为整体式和_____两种类型。

(2) 按车桥上车轮的作用不同,车桥分为转向桥、驱动桥、转向驱动桥和_____四种类型。其中转向桥和支持桥都属于_____。

在后轮驱动的汽车中,前桥不仅用于承载,而且兼起_____作用,称为转向桥;后桥不仅用于承载,而且兼起驱动作用,称为_____。越野汽车和前轮驱动汽车的前桥,除了起承载和转向的作用外,还兼起驱动作用,所以称为_____。只起支承作用的车桥称为_____,如图 4-5 ~ 图 4-7 所示。

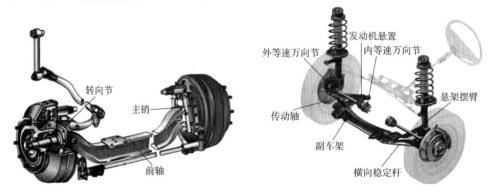

图 4-5　转向桥　　　　　　　　图 4-6　转向驱动桥

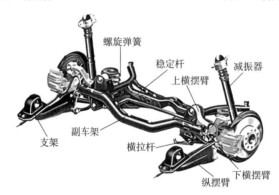

图 4-7　支持桥

2）车桥的检修

车桥的检修分为转向桥的检修、转向节的检修、转向驱动桥的检修。

(二)制订工作方案

1. 任务分工(表 4-1)

学生任务分配表　　　　　　　　表 4-1

班级		组号		指导老师	
组长		任务分工			
组员 1		任务分工			
组员 2		任务分工			
组员 3		任务分工			
组员 4		任务分工			
组员 5		任务分工			
组员 6		任务分工			

2. 工量具、仪器设备与耗材准备

(1)使用的工量具有：_____。

(2)使用的仪器设备有：_____。

(3)使用的耗材有：_____。

3. 具体方案描述

_____
_____
_____
_____
_____

三、计划实施

(一)安全注意事项及技能要点

1. 安全注意事项

(1)不准赤脚或穿拖鞋、高跟鞋和裙子上课,留长发者要戴工作帽。

(2)上课时要集中精神,不准说笑、打闹。

(3)进入汽车实训场地后,未经老师批准,不得动用实训车上的各项设备。

(4)正确使用举升机和工具。

(5)注意缓冲弹簧应无断裂现象且调整得当(用手能转动牵引钩且无轴向松旷感)。

(6)加热车架时温度不得超过700℃,加热时注意佩戴防具。

(7)实习结束后,整理清洁工具并清理场地。

2. 技能要点

(1)正确、规范地对车架进行检修。

(2)正确、规范地对车桥进行检修。

(二)车架与车桥的检修

1. 车架的检修(表4-2)

车架的检修操作方法及说明　　　　　　　　表4-2

步骤	操作方法及说明	质量标准及记录
1.车架的检测	(1)用车体矫正机检测。 最先进、最科学的检测方法是用车体矫正机对车架进行检测。其方法是利用车体矫正机上的测量系统测出被检测车架的各种数据,然后与标准数据比较,得出误差值后直接用牵引装置进行牵引矫正,直至达到标准。若车架损伤严重,可用	□按规范步骤检测

续上表

步骤	操作方法及说明	质量标准及记录
1. 车架的检测	矫正机工具库中的工具进行修理,然后用车体矫正机检测,直到符合标准为止。若没有车体矫正机,则只能用普通方法进行检测。 (2)车架变形的检测。 ①车架宽度的检测。 　　用卷尺或游标卡尺测量,车架宽度应不超过基本尺寸的±3mm。 ②纵梁直线度的检测。 　　用拉线法或直尺检测车架纵梁上平面及侧面纵向的直线度,在任意1000mm长度上的直线度误差应不大于3mm,在全长上的直线度误差应不大于车架长度的0.001。 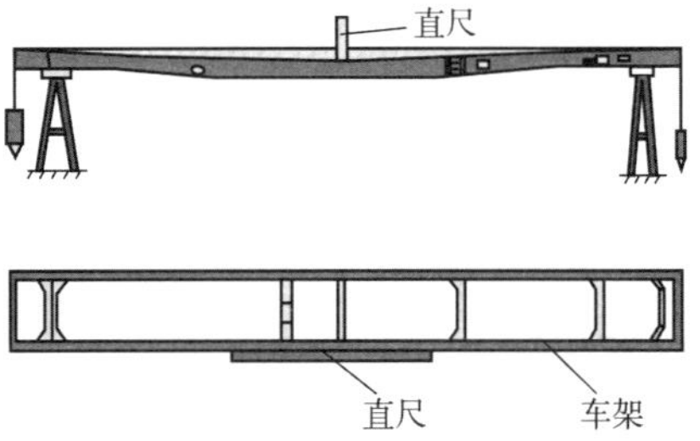 ③纵、横梁垂直度的检测。 　　用专用角尺进行测量,车架纵梁侧面对上平面的垂直度误差应不大于纵梁高度的0.01;车架各主要横梁对纵梁的垂直度误差应不大于横梁长度的0.002。 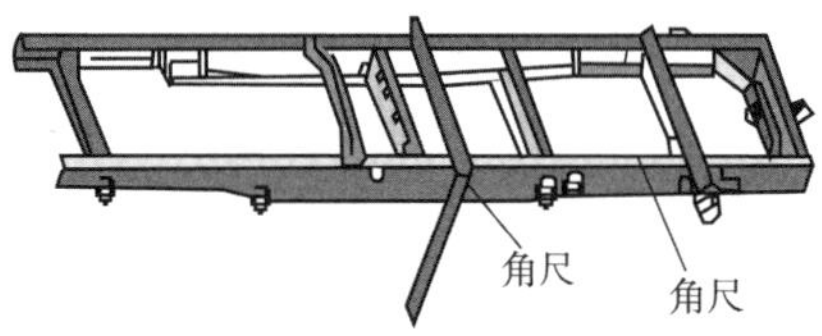 ④钢板弹簧支架销孔中心距及对角线的检测。 　　检测车架是否歪斜,可通过测量对角线加以判断。 　　为保证前、后桥轴线平行,必须使铆装在车架上的钢板座销孔中心前、后、左、右距离相适应。 　　图中Ⅰ车架左右距离相差不大于1mm;Ⅱ、Ⅲ前后固定支架销孔轴线间距离,当汽车轴距在4000mm以下时,左、右距离相差应不大于2mm;当轴距在4000mm以上时,左、右距离相差应不大于3mm。测1与2、3与4、5与6各段对角线长度,其差值均不大于5mm;车架对角线交点到车架中心线的距离应不大于2mm;沿车架测量两纵梁对中心线的距离应不大于2mm。	□正确使用卷尺或游标卡尺进行测量 □正确使用拉线法或直尺进行测量 □正确使用专用角尺进行测量 □为保证前后桥轴线平行,必须使铆装在车架上的钢板座销孔中心前、后、左、右距离相适应

续上表

步骤	操作方法及说明	质量标准及记录
1. 车架的检测	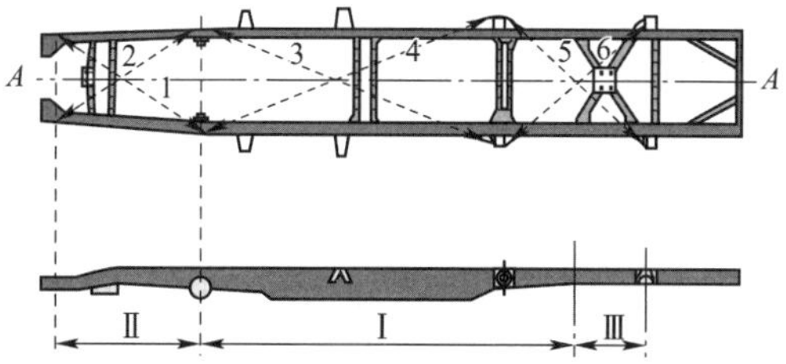 ⑤左、右钢板弹簧固定支架销孔同轴度的检测。 为确保前、后桥安装后,两轴心线平行,进一步减小汽车行驶阻力和配合件的早期磨损,必须对左、右钢板支架销孔同轴度进行检测,检测方法如图所示,其同轴度误差应不超过1mm。 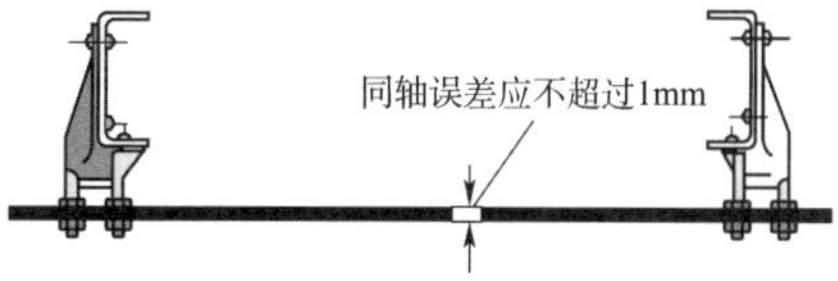 (3)车架裂纹及铆接质量的检测。 可用直观检视法和敲击法进行检测。车架应无裂纹,各铆接部位的铆钉应无松动现象。 (4)车架附件的检测。 后牵引钩不得有裂损,最大磨损量应不大于5mm,牵引钩与衬套的配合间隙应不大于2mm,缓冲弹簧应无断裂现象且调整得当(用手能转动牵引钩且无轴向松旷感),锁扣应能灵活开启,闭合时应能自动进入锁止位置。车架上各支架、托架应连接可靠,无明显变形及裂纹	□按规范步骤进行检测 □正确使用直观检视法和敲击法进行检测 □注意缓冲弹簧应无断裂现象且调整得当(用手能转动牵引钩且无轴向松旷感) □按照"8S"整理
2. 车架的修理	(1)车架变形的修理。 车架弯曲、扭曲或歪斜变形超过允许值时,应进行矫正。若变形不大,可用专用液压机具(车体矫正机)进行整体冷压矫正。变形严重时,可将车架拆散,对纵、横梁分别进行矫正,然后重新铆合,必要时可采用中性氧化焰或木炭火将变形部位局部加热至暗红色,从而进行热矫正(加热温度不得超过700℃,以免影响车架的性能)。 (2)车架裂纹的修理。 采取手工电弧焊进行焊修。 ①焊前准备。 用砂布或钢丝刷等将裂纹附近清洗干净;在裂纹端头前方10mm处钻一直径为3~6mm的止裂孔,以防裂纹断续扩展;用手砂轮在裂纹处开"V"形坡口(图中虚线表示用砂纸打磨的范围)。	□按规范步骤修理 □注意加热车架时温度不得超过700℃ □正确使用手工电弧焊进行焊修

续上表

步骤	操作方法及说明	质量标准及记录
2. 车架的修理	②施焊。 用反极直流焊接法进行焊接：焊接电流为 100～140A，焊电弧应尽量短些，采用直径为 4mm 的 J526 焊条，焊条与其运动方向成 20°～30°倾角，堆焊高度不大于基体平面 1～2mm，焊后要挫平焊缝，修磨光滑。 ③用腹板加强。 裂纹较长或在受力较大部位时，焊后应用腹板进行加强，腹板可用焊接或铆接结合的方法固定到车架上。采用焊铆结合的方法时，应先焊后铆。 焊接腹板时，阴影区禁止施焊。 长焊缝应断续焊接。冷天施焊时，焊接部位应适当预热（100～150℃），焊后应将焊渣清除干净，焊缝应光滑、平整，无焊瘤、弧坑、气孔、夹渣等缺陷，咬边深度应不大于 0.5mm，咬边长度应不大于焊缝长度的 15%。	□ 正确使用反极直流焊接法进行焊接 □ 按规范步骤修理 □ 注意冷天施焊时，焊接部位应适当预热（100～150℃）

续上表

步骤	操作方法及说明	质量标准及记录
2. 车架的修理	(3)车架的重铆。 车架上的铆钉出现松动或被剪断时,用直径略小于铆钉的钻头钻除铆钉,并重新进行铆合。铆合时可采用冷铆或热铆的方式。冷铆质量较高,但需要大功率铆合设备,其铆合力较大。热铆是先将铆钉放入炉中加热到樱红色(1000～1100℃),然后用气动铆枪或手锤铆合。因其铆合力较小,故应用较广。铆合后,铆钉与铆接面应紧密贴合,缝隙不得超过0.05mm,铆钉头应无裂纹、歪斜、残缺等,原设计用铆钉连接部位不得用螺栓代替。 (4)车架附件的修理。 车架上各支架、托架出现明显变形及裂纹时,应更换新件;出现连接松动时,应重新铆接或紧固。后拖钩磨损严重、出现裂损或缓冲弹簧断裂时,应更换新件。牵引钩轴向松旷时,应对缓冲弹簧进行调整。后拖钩与衬套配合间隙过大时,应更换新衬套。锁扣开闭不灵活或不能可靠锁止时,应更换新件。	□按规范步骤修理 □正确使用气动铆枪或手锤铆合 □注意锁扣开闭不灵活或不能可靠锁止时,应更换新件 □按照"8S"整理

2. 车桥的检修(表4-3)

车桥的检修操作方法及说明　　　　　　　　　　表4-3

步骤	操作方法及说明	质量标准及记录
1. 转向桥的检修	(1)转向桥的拆卸与装配。 ①拆卸:举升汽车前端,架好保险凳,拆下轮胎。 ②装配。 a.装配前,必须对零部件进行清洗、检验,无误后方可装配。 b.各处的调整垫子应保持平整,不能任意调换,厚度不允许任意变动。 c.螺栓、螺母紧固要可靠,开口销齐全完整,锁止固定可靠。 (2)转向桥主要零件的检修。 ①前轴的检修。 a.前轴裂纹的检修。 将前轴清洗干净后,用磁力探伤法或浸油敲击法进行检测,出现裂纹时,应更换前轴。 b.钢板弹簧座的检修。 用直尺、塞尺检测。钢板弹簧座平面度误差应不大于0.4mm,否则应进行修磨,或采用刨削、铣削等方法进行加工,但钢板	□按规范步骤检修 □装配前,必须对零部件进行清洗、检验,无误后方可进行装配 □正确使用磁力探伤法或浸油敲击法检测 □正确使用直尺、塞尺进行检测

续上表

步骤	操作方法及说明	质量标准及记录
1. 转向桥的检修	弹簧座的厚度减少量应不大于2mm,否则应进行堆焊修复或更换新件。钢板弹簧座上"U"形螺栓孔及定位销孔的磨损量应不大于1mm,否则应进行堆焊修复。 c. 前轴变形的检测与校正。 两钢板弹簧之间的变形用直尺、塞尺检测。两钢板弹簧座应在同一平面内,其平面度误差应不大于0.80mm。 ②用水平仪进行检测。 将前轴固定于台钳或专用支架上,利用水平仪将一侧的钢板弹簧座调整至水平,然后把水平仪放于另一弹簧座上进行检测。若水珠不在水平仪中间位置,表明两弹簧座之间存在垂直方向弯曲或扭曲变形。前轴两钢板弹簧座之间存在明显的弯曲、扭曲变形时,应予以校正。 (3)钢板弹簧座与主销孔之间变形的检测。 ①用试棒、角尺进行检测。 安放好试棒及角尺(角度与被测车型主销内倾角相同),如果试棒与角尺之间存在间隙,表明前轴存在垂直方向的弯曲变形。 ②用拉线进行检测。 a. 在前轴主销孔上端中间拉一细线,然后用直尺测量两钢板弹簧座平面与拉线之间的距离h,若测得值不符合原厂设计值,表明前轴存在垂直方向的弯曲变形;若拉线偏离钢板弹簧座中心(偏离程度应不大于4mm),表明前轴两端存在水平方向的弯曲或扭曲变形。 b. 前轴的校正。 前轴弯曲、扭曲变形的校正,一般在专用液压校正器上进行,即利用校正器上的液压油缸对前轴的相应部位施加压力或扭力进行校正。 c. 前轴主销孔的检修。 用游标卡尺测量前轴主销孔与主销的配合间隙,其值应符合原设计规定,不符合规定要求的,可用修理尺寸法进行修理(数据可查阅维修手册)。	□正确使用直尺、塞尺进行检测 □正确使用水平仪进行检测 □正确使用试棒、角尺进行检测 □正确使用拉线进行检测 □前轴弯曲、扭曲变形的校正,一般在专用液压校正器上进行 □正确使用修理尺寸法进行修理

续上表

步骤	操作方法及说明	质量标准及记录
1.转向桥的检修	前轴主销孔按修理尺寸加大后,要换用相应尺寸的主销与之配合,以恢复配合间隙,并按同级修理尺寸选配推力轴承和加工转向节主销衬套孔。前轴主销孔磨损达到最后一级修理尺寸时,可镶套修复或更换前轴。 d.前轴主销孔上、下端面的检修。 前轴主销孔上、下端面在使用过程中会发生磨损,其端面磨损沟槽应不大于0.50mm,否则应用铲钻修平。前轴主销孔端面经修理后,其厚度减少量应不大于2mm,否则应堆焊修复或更换新件	□前轴主销孔磨损到达最后一级修理尺寸时,可镶套修复或更换前轴 □前轴主销孔端面经修理后,其厚度减少量应不大于2mm,否则应堆焊修复或更换新件 □按照"8S"整理
2.转向节的检修	转向节在工作过程中,垂直和纵向弯矩的反复作用,将导致承受力矩最大的转向节的轴径根部产生疲劳裂纹甚至断裂,转向节内、外轴承轴颈及主销孔产生磨损,转向节轴颈端的螺纹有时会被破坏,主销孔的上、下端面也会发生磨损。 (1)转向节裂纹的检修:用磁力探伤法或浸油敲击法进行检修。 (2)转向节轴颈磨损的检修:用内径量表及外径千分尺进行测量。 (3)转向节轴颈端螺纹的检修:用检视法进行检查。 (4)转向节主销孔的检修:用内、外径量具进行检测 	□按规范步骤检修 □正确使用磁力探伤法或浸油敲击法进行检修 □正确使用内径量表及外径千分尺进行测量 □正确使用检视法进行检查 □正确使用内、外径量具进行检测 □按照"8S"整理

四、评价反馈(表4-4)

评价表　　　　　　　　　　　　　　　　表4-4

评分项目	评分标准	分值(分)	得分(分)
学习目标	能明确本任务的知识目标、技能目标、素养目标,理解任务在工作中的重要程度	5	
工作任务分析	能清晰地描述本次工作任务的内容	2	
	能清晰地描述完成本次工作任务的必备技能与知识点	2	

续上表

评分项目	评分标准	分值(分)	得分(分)
有效信息获取	能查阅资料,准确填写本次实训车辆的基本信息	5	
	能识读整车检查维护单,准确填写整车外部检查的作业项目、作业内容	5	
	能查阅资料,填写汽车行驶跑偏的常见故障	5	
	能查阅资料,正确识别并填写车架和车桥的问题类型	5	
实施方案制订	能清晰地制订并填写本次车架和车桥的检查与修复的准备作业计划	5	
	能组织或协同工作小组成员,明确本次任务所需的仪器设备、工具、材料,并准备记录	5	
	能组织或协同工作小组成员进行交流,优化检查方案,并记录	5	
任务实施	能规范地进行作业前现场环境检查,并记录	5	
	能检查并规范穿戴个人防护用具,并记录	5	
	能规范进行车架的检测,并记录	5	
	能规范进行车架的修理,并记录	5	
	能规范进行转向桥的检测,并记录	5	
	能规范进行转向桥的修理,并记录	5	
	能规范进行转向节的检测,并记录	5	
	能规范进行转向节的修理,并记录	5	
任务评价	通过本次任务实施,结合自己在实训过程中的表现,进行自我评价及自我反思,并记录	3	
职业素养	能按规定时间完成项目作业	2	
	能遵守实训室管理规定和劳动纪律	2	
	能积极参与课堂活动和回答问题	2	
	能按时出勤	2	
思政要求	爱岗敬业、尊重教师、团结同学,按文明生产规则进行操作,做好交流沟通,展示良好的工匠精神和职业素养	5	
总计		100	

改进建议:

教师签字:
日期:

学习活动 2　车轮和轮胎的检查与更换

一、明确任务

根据任务描述,学生领取汽车维修任务后,通过阅读维修工单,明确任务要求,查阅维修手册,确定作业方案;然后在规定工期内对车轮和轮胎进行检查与更换,使其恢复正常使用性能。

二、工作准备与计划制订

(一)知识准备

1. 轮胎的功用

轮胎是车辆上最重要的部件之一,它具有以下五个主要功用:

(1)支承车辆的全部质量。

(2)轮胎与车辆悬架系统一起合作,作为一种弹簧吸收并缓和道路的冲击与振动,以保证汽车具有良好的乘坐舒适性和行驶平顺性。

(3)将车辆的驱动力和制动力传至路面,从而控制起动、加速、减速、_____。

(4)保证车轮与路面之间良好附着而不打滑,使汽车行驶平稳。

(5)实现车辆转向。

由此可见,车轮和轮胎对汽车的使用性能有很大的影响,车轮的合理使用关系到汽车的安全行驶、能源的节约和汽车运输成本的降低。

2. 轮胎的类型

轮胎按轮胎内空气压力的大小不同,可分为_____(充气压力为 0.5~0.7MPa)、低压胎(充气压力为 0.15~0.45MPa)和超低压胎(充气压力在 0.15MPa 以下)。

充气轮胎由于保持空气方法的不同,其组成结构也不同,因此又可分为有内胎轮胎和无内胎轮胎。无内胎轮胎在轿车上被广泛采用,并开始在货车上使用。

充气轮胎按胎体中的帘线排列方向不同,可分为_____和普通斜交轮胎。

现代汽车多采用充气轮胎,且几乎全部使用_____。

3. 轮胎的结构

普通充气轮胎由外胎、内胎和垫带等组成,如图 4-8 所示。在深槽轮辋上使用的有内胎轮胎没有垫带,无内胎轮胎既无内胎也无垫带。

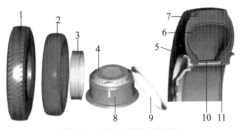

图 4-8 普通充气轮胎结构

1、7-外胎；2、6-内胎；3、10-垫带；4-轮辐；5、9-挡圈；8、11-轮辋

轮辋断面、轮胎结构及轮胎的规格标记

1）外胎

外胎由胎面、胎体帘线层、胎圈、内衬层和带束等组成，如图 4-9 所示。

（1）胎面是轮胎的外表面，可分为_____、胎肩和胎侧三部分。

① 胎冠是轮胎与路面直接接触的部分，具备极高的_____和抗撕裂性。

② 胎肩是较厚的胎冠和较薄的胎侧间的_____部分，一般有各种花纹，用以提高该部分的散热性能。在车轮转向时，胎肩提供了与路面连续的接触面。

图 4-9 外胎

1-胎冠；2-胎肩；3-胎侧；4-胎体帘线层；5-胎圈；6-内衬层；7-带束

③ 胎侧又称胎壁，它由数层_____构成，覆盖轮胎两侧，保护内胎免受外部损坏。胎侧在行驶过程中不断地在载荷作用下发生弯曲、变形。胎侧上标有厂家名称、_____及其他资料。

胎面上的轮胎沟槽、肋条、胎面花纹块、凹坑、胎肩、空隙比和开槽，如表 4-5 所示。它们在干燥、潮湿、泥浆和雨雪路面状况下均能提供_____，以避免车辆打滑。

胎面结构　　　　　　　　　　　　　　　　　　　表 4-5

胎面结构	图解	说明
轮胎沟槽		轮胎沟槽是胎面花纹块中的一些小的沟槽。当轮胎在路面上行驶时，轮胎沟槽张开后可以产生更多的接触表面区域。这就允许胎面花纹块移动，增加柔韧性，产生尖锐的边缘来增加牵引力。轮胎沟槽对于车辆在冰面、薄雪路面和松散的泥土路面上行驶特别有帮助
肋条		肋条是一条状块，与路面形成连续的接触条带

续上表

胎面结构	图解	说明
胎面花纹块		胎面花纹块构成胎面的主要部分,提供牵引力
凹坑		添加凹坑的作用是提升冷却效果
胎肩		在车轮转向时,胎肩可提供与路面连续的接触面
空隙比		空隙比是指胎面上开口空间所占的数量。开口空间越大,轮胎的排水能力就越强;开口空间越小,轮胎与路面的接触面积就越大
开槽		开槽用于加强轮胎的排水能力

在轮胎上有各种不同纹式的胎面,包括不对称的、对称的和单方向的,如表4-6所示。轮胎是根据其侧壁上的_____来进行安装的。

胎面纹式　　　　　　　　　　　　　　　　　　　　　　　　表 4-6

胎面纹式类型	图解	说明
不对称的		不对称的胎面纹式用于子午线轮胎，其内侧和外侧的胎面纹式都是不同的。胎面纹式不对称的轮胎能朝 2 个方向转动
对称的		对称的胎面纹式用于子午线轮胎，横过胎面的纹式是一致的。胎面的两半侧有相同的设计纹式。胎面纹式对称的轮胎能朝 2 个方向转动
单方向的		单方向的胎面纹式用于子午线轮胎，具有单一的胎面纹式，设计成只能朝 1 个方向转动

（2）胎体帘布层是外胎的骨架，用以保持外胎的形状和尺寸，并使其有足够的强度。帘布层和带束通常用_____和多层的尼龙、聚酯、钢丝或者其他材料制成，相邻的帘线交叉排列。胎冠区域相比侧壁有更多的分层，帘布层数越多，轮胎的_____越大，但弹性越小。胎体帘布层分为三种类型：斜交帘布层、带束斜交帘布层、子午线帘布层，如表 4-7 所示。

胎体帘布层结构　　　　　　　　　　　　　　　　　　　　　　　表 4-7

胎体帘布层类型	图解	说明
斜交帘布层	胎面中心线	斜交帘布层结构的轮胎帘线与胎面中心线呈小于 90°角排列，并且一侧胎边穿过胎面到另一侧胎边，层层相叠。斜交帘布层结构的轮胎多在比较老式的车辆上使用，如今的车辆上已经很少使用。 优点：轮胎噪声小，外胎面柔软，制造容易，价格也较子午线轮胎便宜。 缺点：转向行驶时，接地面积小，胎冠滑移大，抗侧向力能力差，高速行驶时稳定性差，滚动阻力较大，油耗偏高，承载能力也不如子午线轮胎

续上表

胎体帘布层类型	图解	说明
带束斜交帘布层		带束斜交帘布层结构的轮胎与斜交帘布层结构的轮胎基本相同,只是再附加有多条沿轮胎圆周方向安置的带束。带束斜交帘布层结构的轮胎在比较老式的重载货车上使用
子午线帘布层		20世纪80年代之后,我国开始使用子午线帘布层结构的轮胎。它是如今车辆上使用最普遍的轮胎。子午线帘布层结构的轮胎上的织物线是从轮圈延伸到轮圈的(帘线与胎面中心线的夹角接近90°),再附加有多条沿轮胎圆周方向安置的带束。 优点: ①接地面积大,附着性能好,胎面滑移小,对地面单位压力小,因而滚动阻力小,使用寿命长。 ②胎冠较厚且有坚硬的带束层,不易被刺穿,行驶时变形小,可降低油耗3%~8%。 ③帘布层数少,胎侧薄,所以散热性能好。 ④径向弹性大,缓冲性能好,负荷能力较大。 ⑤在承受侧向力时,接地面积基本不变,故在转向行驶和高速行驶时稳定性好。 缺点:因胎侧较薄、柔软,胎冠较厚,在其与胎侧过渡区易产生裂口;吸振能力弱,胎面噪声大;制造技术要求高,成本也高

(3)轮胎的内衬层是一层橡胶,用于防止空气渗漏。现在大部分轮胎都采用无内胎设计,内衬层的作用与有内胎轮胎的内胎相同。在现今生产的轮胎上,内衬层质量已占到轮胎总质量的10%。

无内胎轮胎的优点:轮胎穿孔时,压力不会急剧下降,能安全地继续行驶;不会因内、外胎之间摩擦和卡滞而损坏;_____较好,可以直接通过轮辋散热,所以工作温度低,使用寿命长;结构简单,质量较小。

无内胎轮胎的缺点:胎圈处有空气压力密封层,如果此密封层损坏,空气就会漏出,并且胎圈会脱落;轮辋弯曲损坏或锈蚀后,空气就很容易漏出。由于_____安装在轮辋内,因此其损坏可能导致空气漏出。

(4)胎圈是轮胎的_____边缘,使外胎牢固地安装在轮辋上,有很大的刚度和_____,由钢丝圈、帘布层包边和胎圈包布组成。钢丝圈用于限制胎圈的_____,以确保对气体进行密封。

2)内胎

内胎是一个环形的橡胶管,上面装有气门嘴,以便充入和排出空气。为使内胎在充气状态下不产生褶皱,其尺寸应稍小于外胎的内壁尺寸。

3)垫带

垫带是个环形的橡胶带,它垫在内胎与轮辋之间,保护_____不被轮辋和胎圈磨伤。

4.轮胎规格标记

轮胎侧壁上有很多数据和信息,其中最主要的有轮胎类型、尺寸参数、载荷指数和速度额定值等,如图4-10所示。

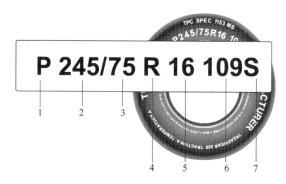

图4-10 轮胎规格标记

1-轮胎类型;2-轮胎宽度;3-高宽比;4-结构(子午线轮胎);5-轮辋直径;6-载荷指数;7-速度额定值

1)轮胎类型

轮胎类型字母含义:P——_____,LT——轻型货车用胎,T——临时备用胎。

2)尺寸参数

为了便于车轮选择合适的轮胎,在轮胎侧面标注有轮胎_____、_____、车轮尺寸(轮辋直径),如表4-8所示。

轮胎尺寸参数　　　　　　　　　　　　　　　　表4-8

尺寸参数	图解	说明
轮胎宽度		轮胎的整体宽度是从两个边缘处测量的。左图轮胎的宽度是245mm
高宽比		高宽比(又称扁平比)是轮胎高度与其宽度之比的百分值。已知左图轮胎的高宽比是75%,其宽度是245mm,据此可以计算出该轮胎的高度约为184mm。 高宽比大的轮胎侧壁偏转时有很大的柔性,提高了车辆乘坐的舒适性。高宽比小的轮胎有较大的接地面积,提高了车辆行驶性能和控制能力。制造厂商提供了各种尺寸的轮胎与车轮组合以提高车辆乘坐舒适性,或者实现良好的车辆操控性能
车轮尺寸(轮辋直径)		车轮尺寸(轮辋直径)是从轮辋唇口测量到对边的轮辋唇口,以英寸(in)为单位。左图车轮尺寸为16in

3）载荷指数

轮胎标记 P 245/75 R16 109S 中的数字 109 是_____。这个数字说明一个全充气的轮胎能够支承的_____。轮胎侧壁的其他位置有以_____或_____为单位的最大载荷量的压印标值。

载荷指数为 109 的轮胎能够支承_____的最大载荷量。其他载荷指数对应的最大载荷量如表 4-9 所示。

轮胎载荷指数对应的最大载荷量　　　　　　　　　　　　　　　　表 4-9

载荷指数	最大载荷量(kg)	载荷指数	最大载荷量(kg)	载荷指数	最大载荷量(kg)	载荷指数	最大载荷量(kg)	载荷指数	最大载荷量(kg)
60	250	71	345	82	475	93	650	104	900
61	257	72	355	83	487	94	670	105	925
62	265	73	365	84	500	95	690	106	950
63	272	74	375	85	515	96	710	107	975
64	280	75	387	86	530	97	730	108	1000
65	290	76	400	87	545	98	750	109	1030
66	300	77	412	88	560	99	775	110	1060
67	307	78	425	89	580	100	800	111	1090
68	315	79	437	90	600	101	825	112	1120
69	325	80	450	91	615	102	850	113	1150
70	335	81	462	92	630	103	875	114	1180

4）速度额定值

速度额定值只在轮胎充足气的条件下适用，充气不足的轮胎不能达到其速度额定值。速度额定值代码通常是一个在 P～Z 之间的字母，其限定轮胎的速度额定值。

轮胎标记 P 245/75 R16 109S 中的字母_____是速度额定值代码，它表示在正常状态下最大速度的标准值。S 表示轮胎能够承受_____的最大额定速度。其他字母对应的速度额定值如表 4-10 所示。

速度标志与最高车速之间的关系　　　　　　　　　　　　　　　表 4-10

速度额定值代码	最高车速(km/h)	速度额定值代码	最高车速(km/h)	速度额定值代码	最高车速(km/h)	速度额定值代码	最高车速(km/h)
A1	5	A8	40	J	100	R	170
A2	10	B	50	K	110	S	180
A3	15	C	60	L	120	T	190
A4	20	D	65	M	130	U	200
A5	25	E	70	N	140	H	210
A6	30	F	80	P	150	V	240
A7	35	G	90	Q	160	Z	超过 240

在某些轿车轮胎上还会有转动方向标识、安全轮胎标识、最大胎压标识等，这里不再赘述。

（二）制订工作方案

1. 任务分工（表4-11）

学生任务分配表　　　　　　　　　　　　　　表4-11

班级		组号		指导老师	
组长		任务分工			
组员1		任务分工			
组员2		任务分工			
组员3		任务分工			
组员4		任务分工			
组员5		任务分工			
组员6		任务分工			

2. 工量具、仪器设备与耗材准备

(1) 使用的工量具有：_____。

(2) 使用的仪器设备有：_____。

(3) 使用的耗材有：_____。

3. 具体方案描述

_____
_____
_____
_____

三、计划实施

（一）安全注意事项及技能要点

1. 安全注意事项

(1) 不准赤脚或穿拖鞋、高跟鞋和裙子上课，留长发者要戴工作帽。

(2) 上课时要集中精神，不准说笑、打闹。

(3) 进入汽车实训场地后，未经老师批准，不得动用实训车上的各项设备。

（4）正确使用举升机和工具。

（5）举升车辆前检查举升机有无漏电、漏油状况,防止汽车举升时发生意外,造成重大事故。

（6）举升车辆时,将举升臂的四个支撑点支撑在车身底板的加强筋上。

（7）当车辆举升到工作高度时,应将举升机进行机械保险,举升机保险装置落下之前,禁止在车下作业。

（8）实习结束后,整理清洁工具并清理场地。

2.技能要点

（1）正确、规范地对车轮进行拆卸与安装。

（2）正确、规范地对轮胎进行拆卸与安装。

（二）车轮和轮胎的检查与更换

汽车轮胎的拆卸

汽车轮胎的检查

汽车轮胎的装配

利用轮胎拆卸机进行轮胎的拆卸

利用轮胎拆卸机进行轮胎的装配

1.车轮的拆卸与安装(表4-12)

车轮的拆卸与安装操作方法及说明　　　　　　　表4-12

步骤	操作方法及说明	质量标准及记录
1.行车途中车轮的拆卸	（1）将车辆停在水平硬质路面上,开启危险警告灯,向上拉起车辆驻车制动操纵杆,使车辆稳定驻车。 （2）打开行李舱盖,取出三角警示牌、随车轮胎套筒扳手和千斤顶,按要求放置警示牌	□按规范步骤拆卸 □注意开启危险报警灯 □注意在普通公路上,将三角警示牌放置在车辆后方50～100m处;在高速公路上,将三角警示牌放置在车辆后方150m处

195

续上表

步骤	操作方法及说明	质量标准及记录
1. 行车途中车轮的拆卸	(3) 用硬质物体挡住拆卸车轮同侧另一车轮前、后端。 (4) 将千斤顶放于车门底部纵梁下方不影响其举升的地方,以免在举升千斤顶时发生意外,对车辆、人员的安全构成威胁;而后再使用千斤顶举升车辆。 (5) 取下车轮装饰罩,将随车轮胎套筒扳手套在车轮螺栓上,对角按逆时针方向拧松车轮的4个固定螺栓。 (6) 将随车千斤顶放在车辆车门底部的纵梁下后,转动螺杆使千斤顶支臂上升,当千斤顶支臂将要和纵梁接触时,确认支撑位置。拆卸前轮时,使支臂支撑在距离前翼子板10cm车门底部的纵梁上;拆卸后轮时,使支臂支撑在距离后翼子板10cm车门底部的纵梁上。确认位置正确后,继续转动螺杆,使千斤顶支臂上升举起车辆,直至所需要拆卸的车轮离开地面。 (7) 拧下车轮的4个固定螺栓,从制动盘(或制动鼓)上拆下车轮	□ 严格按照步骤进行,以保证人员安全 □ 注意如果车辆停车的路面不是硬质路面,需要用较大的硬质物体垫好千斤顶再举升车辆,禁止把千斤顶放在窨井盖上顶起车辆 □ 注意对角卸力 □ 注意在举升的过程中,千斤顶要处于垂直状态,如果倾斜,车辆举升不稳定,千斤顶会侧倒,可能会发生危险 □ 按照"8S"整理

续上表

步骤	操作方法及说明	质量标准及记录
2.行车途中车轮的安装	（1）从车辆后备箱中取出备胎，将备胎放在轮毂上，用手对好车轮和制动盘（或制动鼓）上的螺栓孔，再用手旋上4个车轮紧固螺栓，每个螺栓至少要旋紧3~5牙。 （2）用随车轮胎套筒扳手对角预紧车轮的4个固定螺栓，然后转动螺杆式千斤顶支臂下降，放下车辆，撤出千斤顶，将随车轮胎套筒扳手套在车轮螺栓上，对角按顺时针方向用规定力矩拧紧车轮的4个固定螺栓。 （3）安装车轮装饰罩，将随车轮胎套筒扳手、千斤顶整理好，撤走挡住拆卸车轮同侧另一车轮前、后端的硬质物体，收起警示牌，将随车轮胎套筒扳手、千斤顶和警示牌放回行李舱，关好行李舱盖，车轮安装完毕	□按规范步骤安装 □每个螺栓至少要旋紧3~5牙 □正确选用工具对角用规定力矩拧紧车轮固定螺栓 □按照"8S"整理
3.维修车间车轮的拆卸	（1）将车辆开到举升机的中间位置，拉起电子驻车制动。 （2）将举升机4个支架固定到车辆下部指定位置。	□按规范步骤拆卸 □正确使用举升机

续上表

步骤	操作方法及说明	质量标准及记录
3.维修车间车轮的拆卸	(3)按动举升机的举升按钮,使举升机支臂上升。为确保举升安全,当举升支臂刚接触车辆支撑位置时,检查顶起位置是否正确。确认位置正确后,继续按动举升按钮使举升机支臂上升,当车轮离开地面10cm左右时,用手晃动车身,检查车辆是否摇晃,若无晃动,继续举升车辆;若有晃动,则应将车放下,重新调整顶起位置。 (4)用车轮螺母拆装机或套筒扳手初步拧松各轮胎的固定螺母。 (5)用举升机使车轮稍离地面。 (6)拧下固定车轮上的所有螺栓,并将其放入容器盒内。	□ 检查顶起位置是否正确,确保人员安全 □ 注意用手晃动车身,检查车辆是否摇晃 □ 注意对角卸力 □ 注意车辆举升到位后,锁止举升臂 □ 正确选用工具拆卸车轮

续上表

步骤	操作方法及说明	质量标准及记录
3.维修车间车轮的拆卸	(7)左右晃动车轮并往外拉,将其从车轴上取下	□按照"8S"整理
4.维修车间车轮的安装	(1)将车轮套到车轴上。双手托住轮胎,将车轮放在制动盘(或制动鼓)上,轮辋辐板上的螺栓孔与制动盘(或制动鼓)螺纹孔对齐。 (2)用手将螺栓和螺母拧上,并用扳手逐个初步拧紧螺母。用棘轮扳手加套筒对角预紧,将4个车轮紧固螺栓对角拧紧。 (3)解除举升机锁止机构,放下举升臂,使车辆落地,用车轮螺母拆装机或套筒扳手,按照对角顺序分2~3次拧紧螺母,拧紧力矩为110N·m。安装车轮装饰罩,撤去举升支臂,将车辆开出举升工位	□按规范步骤安装 □正确选用工具安装车轮 □注意用棘轮扳手加套筒对角预紧,将4个车轮紧固螺栓对角拧紧 □放下车辆落地后,拉紧驻车制动器,用三角木挡住拆卸车轮同侧另一车轮的前、后端 □撤去举升支臂前,要确认车辆是否完全落地 □按照"8S"整理

2. 轮胎的拆卸与安装(表4-13)

轮胎的拆卸与安装操作方法及说明　　　　　　　　　表4-13

步骤	操作方法及说明	质量标准及记录
1.使用剥胎机拆卸轮胎	(1)接通剥胎机电源,打开压缩空气阀门,用手旋下轮胎气门嘴的防尘罩,用气门芯扳手旋下气门芯,放掉轮胎内的压缩空气。	□按规范步骤拆卸
	(2)待轮胎内的空气排尽后,使用平衡块卡钳取下安装于轮辋边缘的平衡块。	□正确使用平衡块卡钳进行操作
	(3)将车轮的一侧贴于剥胎机的靠胎胶皮上。	□注意对准位置,防止损伤轮辋
	(4)调整车轮位置,将风压铲置于轮胎胎圈和轮辋边缘之间,一只手扶住手柄,使风压铲的位置保持不变,另一只手扶住轮胎,用脚踩住风压铲踏板,风压铲收缩,压下胎圈,使胎圈和轮辋分离。	□按规范步骤拆卸

续上表

步骤	操作方法及说明	质量标准及记录
1.使用剥胎机拆卸轮胎	（5）松开风压铲踏板，放开风压铲，一边转动车轮，一边用脚连续踩住、松开压缩踏板，使轮胎另一侧胎圈也和轮辋完全分离。 （6）由于有些车辆在轮辋内侧气门嘴附近安装了轮胎压力传感器，为了养成良好习惯，避免用剥胎机风压铲压胎圈时压坏胎压传感器，在操作时禁止压气门嘴附近的胎圈，一般在气门嘴一侧将风压铲压胎圈的位置均分3个位置，压点位置偏离气门嘴。 （7）将车轮反一面，调整车轮位置，将风压铲置于轮胎胎圈和轮辋边缘之间，一边转动车轮，一边用脚连续踩住、松开压缩踏板，使轮胎另一侧胎圈和轮辋完全分离。 （8）车轮两侧胎圈和轮辋完全分离后，将车轮放到转盘上，双手扶住轮胎，用脚踩一下夹钳踏板，将轮辋固定。	□按规范步骤拆卸 □操作时严禁压气门嘴附近的胎圈 □按规范步骤拆卸

续上表

步骤	操作方法及说明	质量标准及记录
1. 使用剥胎机拆卸轮胎	(9) 在轮胎上侧胎圈上涂抹适量的轮胎装配润滑液,这样可减轻鸟嘴头与轮胎胎圈的摩擦,避免损伤轮胎,用剥胎导向杆压住轮辋的边缘,使导向杆鸟嘴凹槽和轮辋边缘贴合,并锁紧导向杆。 (10) 将轮胎撬杆带钩的一头插入轮胎与轮辋之间,将轮胎上圈撬入导向杆鸟嘴头上,用力压住撬杆。 (11) 用脚踩旋转踏板,使车轮按顺时针方向旋转一圈,两手配合将轮胎的一面与轮辋分离。	□ 注意在轮胎内测涂上适量的轮胎装配润滑液 □ 注意使导向杆鸟嘴凹槽和轮辋边缘贴合 □ 按规范步骤拆卸 □ 注意用脚踩旋转踏板

续上表

步骤	操作方法及说明	质量标准及记录
1.使用剥胎机拆卸轮胎	(12)将撬杆沿着轮胎下端面插入轮辋和轮胎之间,将轮胎一面抬高,用撬杆将轮胎下圈撬入剥胎导向杆鸟嘴头上,用力压住撬杆。 (13)用脚踩旋转踏板,使车轮按逆时针方向旋转一圈,两手配合将轮胎的另一面和轮辋分离,松开并移开导向杆,取下轮胎。 (14)用脚踩一下夹钳踏板,使夹钳松开,取下轮辋,轮胎拆卸完毕	□注意将撬杆沿着轮胎下端面插入轮辋和轮胎之间 □按规范步骤拆卸 □按照"8S"整理

续上表

步骤	操作方法及说明	质量标准及记录
2. 使用剥胎机安装轮胎	(1)将轮辋放到车轮转盘上，双手扶住轮辋，用脚踩一下夹钳踏板，将轮辋固定。 (2)在轮胎胎圈一侧涂抹适量的轮胎装配润滑液，将涂抹胎装配润滑液的一侧向下放在轮辋上，用剥胎导向杆压住轮辋的边缘，将导向杆鸟嘴头部前方的轮胎下边缘压入轮辋，同时将轮辋下边缘放于鸟尾上。 (3)用双手将轮胎向下压，用脚踩旋转踏板，使车轮按顺时针方向旋转一圈，将轮胎下圈导入轮辋内。 (4)在轮胎上侧的胎圈上涂抹适量的轮胎装配润滑液，使用撬杆将导向鸟嘴头部前方的轮胎上边缘压入轮辋，同时将轮辋上边缘放于鸟尾上。	□按规范步骤安装 □注意适量、均匀地涂抹轮胎装配润滑液 □按规范步骤安装 □注意适量、均匀地涂抹轮胎装配润滑液

续上表

步骤	操作方法及说明	质量标准及记录
2. 使用剥胎机安装轮胎	(5) 用脚踩旋转踏板,使车轮按顺时针方向旋转一圈,将轮胎上圈导入轮辋内。	□按规范步骤安装
	(6) 松开并移除导向杆,用胎压表或气泵充气,充到轮胎胎圈和轮辋完全贴合为止,用气门芯扳手旋上气门芯,将轮胎气压充至180kPa。	□正确使用胎压表或气泵充气
	(7) 用肥皂水检查气门嘴是否漏气,如果气门嘴冒出气泡,表示气门嘴漏气,应拆下气门嘴进行检查。再旋上气门嘴防尘罩。	□注意均匀涂抹肥皂水

续上表

步骤	操作方法及说明	质量标准及记录
2.使用剥胎机安装轮胎	（8）用脚踩一下夹钳踏板，将轮辋从固定架上松开，取下车轮，断开剥机电源，关闭压缩空气阀门，轮胎安装完毕	□按照"8S"整理

四、评价反馈（表4-14）

评价表　　　　　　　　　　　　　　　　　　　　　表4-14

评分项目	评分标准	分值(分)	得分(分)
学习目标	能明确本任务的知识目标、技能目标、素养目标，理解任务在工作中的重要程度	5	
工作任务分析	能清晰地描述本次工作任务的内容	2	
	能清晰地描述完成本次工作任务的必备技能与知识点	2	
有效信息获取	能查阅资料，准确填写本次实训车辆的基本信息	5	
	能识读整车检查维护单，准确填写整车外部检查的作业项目、作业内容	5	
	能查阅资料，填写汽车行驶跑偏的常见故障	5	
	能查阅资料，正确识别并填写车轮和轮胎的问题类型	5	
实施方案制订	能清晰地制订并填写本次车轮与轮胎的检查与更换的准备作业计划	5	
	能组织或协同工作小组成员，明确本次任务所需的仪器设备、工具、材料，并准备记录	5	
	能组织或协同工作小组成员进行交流、优化检查方案，并记录	5	
任务实施	能规范地进行作业前现场环境检查，并记录	5	
	能检查并规范穿戴个人防护用具，并记录	5	
	能规范进行行车途中车轮的拆卸，并记录	5	
	能规范进行行车途中车轮的安装，并记录	5	

续上表

评分项目	评分标准	分值(分)	得分(分)
任务实施	能规范进行维修车间车轮的拆卸,并记录	5	
	能规范进行维修车间车轮的安装,并记录	5	
	能规范使用剥胎机拆卸轮胎,并记录	5	
	能规范使用剥胎机安装轮胎,并记录	5	
任务评价	通过本次任务实施,结合自己在实训过程中的表现,进行自我评价及自我反思,并记录	3	
职业素养	能按规定时间完成项目作业	2	
	能遵守实训室管理规定和劳动纪律	2	
	能积极参与课堂活动和回答问题	2	
	能按时出勤	2	
思政要求	爱岗敬业、尊重教师、团结同学,按文明生产规则进行操作,做好交流沟通,展示良好的工匠精神和职业素养	5	
总计		100	

改进建议:

教师签字:
日期:

学习活动 3　悬架的检查与更换

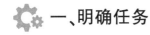
一、明确任务

根据任务描述,学生领取汽车维修任务后,通过阅读维修工单,明确任务要求,查阅维修手册,确定作业方案;然后在规定工期内对悬架进行检查与更换,使其恢复正常使用性能。

二、工作准备与计划制订

(一) 知识准备

1. 悬架的功用

(1) 支承车辆,保持乘坐高度,把车轮连接到底盘或车身上。

(2) 使轮胎与路面保持接触,让车轮与车辆的行驶方向保持一致。

(3) 让车轮作枢轴进行转动,提供转向和停车控制。

(4) 吸收突然运动的车轮的复合力与动态载荷,减少路面冲击和振动的影响。

2. 悬架的分类

根据汽车两侧车轮运动是否相互关联,汽车悬架可分为_____和非独立悬架两种类型。

悬架类型

独立悬架又可分为_____独立悬架、双叉臂式独立悬架和多连杆式独立悬架。

非独立悬架又可分为钢板弹簧式非独立悬架和螺旋弹簧式非独立悬架。

(1) 麦弗逊式独立悬架。

麦弗逊式独立悬架由转向横拉杆、_____、减振器、下摆臂、驱动半轴组成,如图4-11所示。

(2) 双叉臂式独立悬架。

双叉臂式独立悬架由上控制臂、下控制臂组成,如图4-12所示。

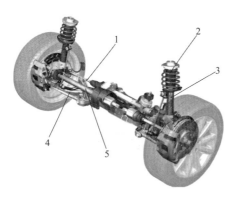

图4-11 麦弗逊式独立悬架
1-转向横拉杆;2-螺旋弹簧;3-减振器;4-下摆臂;5-驱动半轴

图4-12 双叉臂式独立悬架
1-上控制臂;2-下控制臂

(3) 多连杆式独立悬架如图4-13所示。

(4) 钢板弹簧式非独立悬架如图4-14所示。

(5) 螺旋弹簧式非独立悬架如图4-15所示。

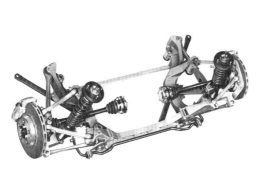

图 4-13　多连杆式独立悬架

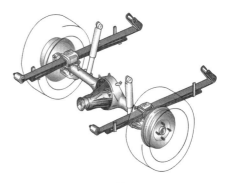

图 4-14　钢板弹簧式非独立悬架

图 4-15　螺旋弹簧式非独立悬架

悬架的组成

3. 悬架的组成

现代汽车的悬架虽有不同的结构形式,但一般由_____、减振器、导向机构等组成,轿车一般还有_____。

1)弹性元件

弹性元件使车架(或车身)与车桥(或车轮)之间作弹性连接,可以缓和由于不平路面而产生的冲击,并承受和传递垂直载荷。

汽车上常用的弹性元件包括钢板弹簧、_____、扭杆弹簧、_____、气体弹簧和橡胶弹簧等。

(1)钢板弹簧如图 4-16 所示。

图 4-16　钢板弹簧

(2)螺旋弹簧如图 4-17 所示。
(3)扭杆弹簧如图 4-18 所示。

  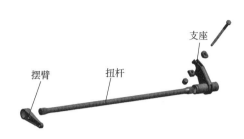

a) 圆柱螺旋弹簧　　b) 圆锥螺旋弹簧

图 4-17　螺旋弹簧　　　　　　　　图 4-18　扭杆弹簧

（4）气体弹簧如图 4-19 所示。

（5）橡胶弹簧如图 4-20 所示。

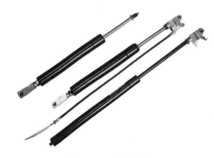 

图 4-19　气体弹簧　　　　　　　　图 4-20　橡胶弹簧

2）减振器

减振器可以产生_____，衰减由于路面冲击产生的振动，使振动的振幅迅速减小。减振器可分为双向作用筒式减振器和单项筒式减振器。

（1）双向作用筒式减振器。

双向作用筒式减振器由活塞杆、防尘罩、导向座、储油缸筒、活塞、伸张阀、压缩阀、流通阀、补偿阀组成，如图 4-21 所示。

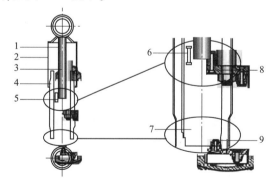

图 4-21　双向作用筒式减振器

1-活塞杆；2-防尘罩；3-导向座；4-储油缸筒；5-活塞；6-伸张阀；7-压缩阀；8-流通阀；9-补偿阀

（2）单项筒式减振器。

单项筒式减振器由上室、下室、保护器、活塞杆、杆导、油封、回弹限位块、活塞阀、自由活塞、氮气(高压)组成，如图4-22所示。

3）导向机构

导向机构包括纵向推力杆和横向推力杆，用于传递纵向载荷和横向载荷，并保证车轮相对于车架(或车身)的运动关系，如图4-23所示。

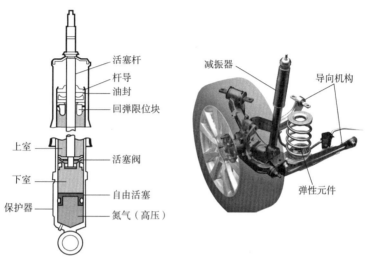

图4-22 单项筒式减振器　　图4-23 导向机构

4）横向稳定器

横向稳定器可以防止车身在转向等情况下发生过大的横向倾斜，如图4-24所示。

4. 电控悬架的基本功能

1）减振器阻尼力调节

电控悬架可以根据汽车的负载、行驶路面条件、汽车行驶状态等控制悬架减振器的阻尼力，防止汽车急速起步或急加速时车尾下蹲、紧急制动时车头下沉、急转弯时车身横向摇动以及换挡时车身纵向摇动等，提高汽车的行驶平顺性和操纵稳定性。

图4-24 横向稳定器

2）弹性元件刚度调节

在各种工况下，通过对悬架弹性元件刚度的调节，可以改变车身的振动强度和对路况及车速的感应程度，以改善汽车的乘坐舒适性与操纵稳定性。

3）汽车车身高度调节

电控悬架可以使车辆根据负载变化自动调节悬架高度，以保持车身的正常高度和姿态。当汽车在坏路面上行驶时，电控悬架可以使车身升高，增强汽车通过性；当汽车高速行驶时，电控悬架可以使车身降低，减少空气阻力并提高汽车行驶稳定性。

5. 电控悬架的组成

虽然现代汽车电控悬架系统结构形式多种多样,但它们的基本组成相同。

传感器一般有车速传感器、_____、车身高度传感器、转向盘转角传感器、_____等。

开关主要有模式选择开关、制动灯开关、_____和车门开关等。

执行机构有可调节减振器阻尼力的电动机,可调节弹簧刚度的步进电动机和可调节车身高度的_____等,如图 4-25 和图 4-26 所示。

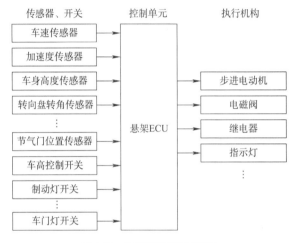

图 4-25 电控悬架的组成框图

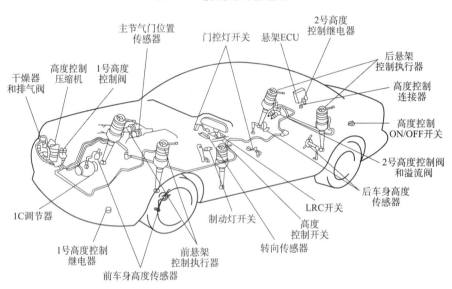

图 4-26 电控悬架的组成

1) 车身高度传感器

车身高度传感器的作用是检测汽车行驶时_____的变化情况(车身相对车桥的位移量,即悬架位移量),并转换成_____输入悬架系统的电子控制单元,可反映汽车的平顺性和车身高度信息。

常用的车身高度传感器有片簧开关式、_____、光电式和电位计式。车身高度传感器装在_____下,一般传感器的一端与车身相连,另一端与车轿相连。

光电式车身高度传感器(图4-27)固定在车架上,传感器轴的外端装有导杆,导杆的另一端通过一个连杆与独立悬架的下摆臂连接,其结构如图4-28所示。

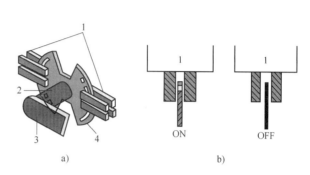

图4-27 光电式车身高度传感器

图4-28 光电式车身高度传感器结构
1-遮光器;2-转轴;3-连杆;4-开口盘

当车身高度发生变化时,导杆将随悬架摆臂的上、下移动而摆动,从而通过传感器转轴驱动圆盘转动,光电耦合器相对应的发光二极管和_____晶体管之间即可产生照/遮的转换,光敏晶体管把相应的ON/OFF转换成电信号,并通过导线输送给悬架ECU。ECU根据不同的脉冲信号,即可判断圆盘转过的角度,从而计算出变化的悬架高度。

传感器内部有一个传感器轴,轴外端安装的连接杆与_____相连接,轴上固定一个开有一定数量窄槽的遮光盘,遮光盘两侧对称安装有4组发光二极管和光敏三极管,组成4对光电耦合器。

当车身高度发生变化时,车身与悬架臂做相对运动,连杆带动传感器轴和遮光盘一起转动。当遮光盘上的窄槽对准耦合器时,光敏三极管通过该窄槽感受到发光二极管发出的光线,光电耦合器输出_____,反之,则输出截止信号。只要使遮光盘上的窄槽适当分布,就可以利用这4对光电耦合器进行导通和截止的组合,把车身高度的变化划分成16个区域进行检测。通常高度传感器有一个六线连接器——电源线、地线及4个信号线。

_____根据输入的信号得到车身位移信息,根据车身高度变化的幅度和频率,可以判断车身的振动情况。根据一段时间(10ms)内车身高度在某一区域的百分比来判断车身高度。

2)转向盘转角传感器

转向盘转角传感器由光电耦合元件、开孔槽板等组成。开孔槽板置于发光二极管和光敏晶体管之间。开孔槽板有许多小孔,当转向盘转动时,_____会跟随其转动。

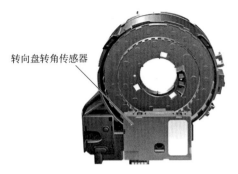

图 4-29　转向盘转角传感器

光敏晶体管依据穿过开孔槽板的_____动作,并且输出_____。控制单元以此信号来辨认转向盘的转向角度、转向方向和转速,如图 4-29 所示。

3)执行器

悬架电控系统主要的执行器有两大类,即_____和电磁阀。它们的应用及结构形式在不同的悬架系统中各有不同,但其基本作用都是接受 ECU 的指令,完成相应的驱动动作,改变减振器阻尼孔的截面积,以改变悬架阻尼力的大小,或改变空气(油气)弹簧内部介质的流通情况,进而改变悬架刚度和车身高度等特性。

此外,执行器还包括继电器(根据 ECU 指令控制电路的通/断)、指示灯(提示驾驶员系统的状态或某些故障信息)等。

6. 半主动悬架的工作过程

半主动悬架系统的设计思路:在行驶的过程中,可以通过改变减振器的阻尼力,从而满足汽车的行驶平顺性和稳定性的要求。选择较小的阻尼力可以降低系统自振频率,减少对车身的冲击,满足舒适性的要求,但安全性下降,适合于汽车的低速行驶。选择较大阻尼力则可提高汽车行驶安全性,但是舒适性下降,适合于汽车的高速行驶。

减振器工作时,活塞杆上下伸缩运动,具有黏性的_____通过活塞孔产生阻力,当活塞上下运动较慢时,阻尼力较小;当运动较快时,会产生很大的阻尼力。

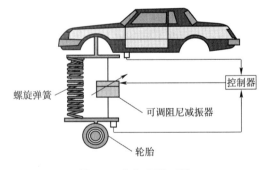

图 4-30　半主动悬架系统

从机械原理上讲,节流孔越大,阻尼力越小;油液的黏度越大,阻尼力越大。油液的黏度不容易改变,因此控制阻尼力的最佳方法就是控制节流孔的大小,根据其控制的方式不同,目前减振器阻尼力的调节可分为有级可调式和_____可调式,如图 4-30 所示。

7. 主动悬架的工作过程

主动悬架采用与传统结构完全不同的弹性元件,使其突破了一般弹性元件(钢板弹簧、螺旋弹簧、扭杆弹簧等)在刚度变化方面的局限性。因此,主动悬架能够根据车身高度、车速、_____及角速度、制动等信号,由电控单元控制悬架执行机构,进而改变悬架弹性元件的刚度、减振器阻尼力及_____等参数,从而使汽车的操纵性和平顺性都达到最佳。

这类悬架大多采用_____弹簧或油气弹簧作为弹性元件,通过改变弹性元件内部工作介质(空气或油液)的流通特性或压力大小来调节悬架的刚度。

通过工作介质的充放来改变悬架的高度,即可以实现对_____的控制,如图 4-31 所示。

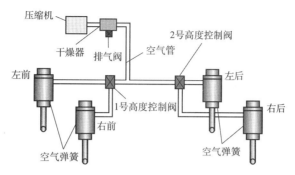

图 4-31 主动悬架结构

(二)制订工作方案

1. 任务分工(表 4-15)

学生任务分配表　　　　　　　　表 4-15

班级		组号		指导老师	
组长		任务分工			
组员 1		任务分工			
组员 2		任务分工			
组员 3		任务分工			
组员 4		任务分工			
组员 5		任务分工			
组员 6		任务分工			

2. 工量具、仪器设备与耗材准备

(1)使用的工量具有:_____。

(2)使用的仪器设备有:_____。

(3)使用的耗材有:_____。

3. 具体方案描述

三、计划实施

(一)安全注意事项及技能要点

1. 安全注意事项

(1)不准赤脚或穿拖鞋、高跟鞋和裙子上课,留长发者要戴工作帽。

(2)上课时要集中精神,不准说笑、打闹。

(3)进入汽车实训场地后,未经老师批准,不得动用实训车上的各项设备。

(4)正确使用举升机及工具。

(5)用铁丝固定制动钳时,固定要牢靠,不要损坏制动软管。

(6)旋下减振器活塞杆的螺母时,应先用手托住悬架,防止总成落地伤人。

(7)用减振器专用拉具压缩螺旋弹簧时,应注意将减振器专用拉具安装到位,不能站在减振器对面。

(8)实习结束后,注意将仪器放在指定地方,罩好工作台,整理清洁工具并清理场地。

2. 技能要点

(1)正确、规范地对悬架进行拆卸与安装。

(2)正确、规范地对减振器与螺旋弹簧进行检测。

(二)悬架的检查与更换

1. 悬架的拆卸与安装(表4-16)

悬架系统的检查

悬架的拆卸与安装的操作方法及说明　　　　　　　　表4-16

步骤	操作方法及说明	质量标准及记录
1.前悬架的拆卸	(1)按照拆卸车轮的步骤拆下汽车两个前轮,用扭力扳手加30mm套筒旋下轮毂与传动轴上的紧固螺母。	□按规范步骤拆卸 □正确使用扭力扳手
	(2)用一字螺丝刀拆下保持弹簧,拧松制动钳紧固螺栓,取下螺栓。	□正确使用一字螺丝刀进行拆卸

续上表

步骤	操作方法及说明	质量标准及记录
1.前悬架的拆卸	(3)将制动钳钳体从制动盘上取下,并取下摩擦片,然后用铁丝将制动钳固定在车身上。 (4)固定下摇臂球头销螺栓一端,拧下下摇臂球头销上的紧固螺母,取下螺母,拔出螺栓。 (5)用专用拉马顶住转向横拉杆接头下端,防止球头销转动,拧下转向横拉杆球头销上的紧固螺母,然后拆下专用拉马,向下拉出转向横拉杆接头。	□注意用铁丝将制动钳固定在车身上 □注意不要损坏制动软管 □严禁暴力拆卸 □正确使用专用拉马

续上表

步骤	操作方法及说明	质量标准及记录
1. 前悬架的拆卸	(6)拧松横向稳定杆与下摇臂连接螺栓的紧固螺母,向下压前悬架下摇臂,使下摇臂球头与减振器下支架分离。	□正确使用工具拧松紧固螺母
	(7)用力向外拉制动底板,将外传动轴从轮毂轴承内拉出。	□严禁暴力拆卸
	(8)将车辆下降,降至未拆卸车轮刚刚着地为止,打开并撑好发动机盖,然后一人托住减振器支柱下部。	□正确使用举升机
	(9)另一人将专用工具的内六角扳手放入减振器活塞杆上的内六角孔中,将专用工具的套筒套于减振器活塞杆的螺母上。	□正确使用专用工具

续上表

步骤	操作方法及说明	质量标准及记录
1. 前悬架的拆卸	(10) 一只手扶住专用工具的内六角扳手延伸杆,以固定减振器活塞杆,另一只手用扳手拧专用工具套筒上部的六角部分。	□按规范步骤拆卸
	(11) 一个人旋下减振器活塞杆上的螺母,同时另一个人取出前螺旋弹簧和减振器总成。	□正确选用工具旋下螺母
	(12) 用螺旋弹簧压紧器压缩螺旋弹簧,直至螺旋弹簧上座可以晃动。	□按规范步骤拆卸
	(13) 将专用开槽套筒装在减振器开槽螺母上,固定活塞杆,用内六角扳手转动开槽套筒,旋下开槽螺母。	□正确使用专用工具
	(14) 旋下紧固螺母,依次取下悬架支承轴轴承、弹簧上座、螺旋弹簧、限位缓冲块。	□按规范步骤拆卸

续上表

步骤	操作方法及说明	质量标准及记录
1.前悬架的拆卸	(15)使用管子钳拧松减振器上的固定螺母,旋出减振器固定螺母,取出减振器	□正确使用管子钳 □按照"8S"整理
2.前悬架的安装	按照与拆卸相反的顺序安装前悬架,注意各螺栓(或螺母)的拧紧力矩需通过查阅相关维修手册来确定,按规定的力矩和方式进行旋紧	□按规范步骤安装 □按照"8S"整理
3.后悬架的拆卸	(1)按照拆卸车轮的步骤拆下汽车两个后轮,然后举升车辆,直至方便维修人员在车下操作为止,并锁止举升臂。 (2)用17mm梅花扳手固定减振器下端和后桥上的固定螺母,用17mm的套筒扳手拧松减振器下端和后桥上的固定螺栓,取出螺母和螺杆。 (3)将车辆下降,降至未拆卸车轮刚刚着地为止,锁止举升臂。 (4)打开车后门,从车厢内取下减振器盖板。	□按规范步骤拆卸 □正确使用举升机 □正确选用工具拆卸

续上表

步骤	操作方法及说明	质量标准及记录
3.后悬架的拆卸	(5)将专用工具的内侧四角扳手放入减振器活塞杆上的内四角里,将专用工具的套筒套在减振器活塞杆的螺母上。 (6)使用千斤顶举升臂顶住减振器支柱下部。 (7)一只手扶住专用工具的内侧四角扳手延伸杆,以固定减振器活塞杆,另一只手用22mm开口扳手拧专用工具套筒上部的六角部分。	□正确使用专用工具 □正确使用千斤顶

续上表

步骤	操作方法及说明	质量标准及记录
3.后悬架的拆卸	(8)当拧专用工具套筒上的力很小的时候,撤掉专用工具,用手旋下减振器活塞杆上的螺母。 (9)放下千斤顶举升臂,将后螺旋弹簧和减振器总成从车上取下,依次取下缓冲块、弹簧、防尘套和减振器总成等	□正确使用千斤顶 □按照"8S"整理
4.后悬架的安装	按照与拆卸相反的顺序安装后悬架,注意各螺栓(或螺母)的拧紧力矩需通过查阅相关维修手册确定,按规定的力矩和方式进行旋紧	□按规范步骤安装 □按照"8S"整理

2. 减振器与螺旋弹簧的检测(表4-17)

减振器与螺旋弹簧的检测的操作方法及说明　　　　　　　　表4-17

步骤	操作方法及说明	质量标准及记录
减振器与螺旋弹簧的检测	(1)检查减振器外壳是否有漏油处,如外壳有漏油处,应更换减振器。 (2)推拉减振器活塞杆,拉出时阻力应该较大,如拉出时无阻力,则应更换减振器。 (3)检查螺旋弹簧,如有损坏、折断的情况,则应更换螺旋弹簧。 (4)转动前悬架支承轴轴承,如果转动不灵活,则应更换新件。 (5)检查减振器防尘罩、缓冲块,如有损伤、龟裂、老化等现象,则应更换新件	□按规范步骤检测 □按照"8S"整理

四、评价反馈(表4-18)

评价表　　　　　　　　　　　　　　　　　　　　　　　表4-18

评分项目	评分标准	分值(分)	得分(分)
学习目标	能明确本任务的知识目标、技能目标、素养目标,理解任务在工作中的重要程度	5	
工作任务分析	能清晰地描述本次工作任务的内容	2	
	能清晰地描述完成本次工作任务的必备技能与知识点	2	
有效信息获取	能查阅资料,准确填写本次实训车辆的基本信息	5	
	能识读整车检查维护单,准确填写整车外部检查的作业项目、作业内容	5	
	能查阅资料,填写汽车行驶跑偏的常见故障	5	
	能查阅资料,正确识别并填写悬架的问题类型	5	
实施方案制订	能清晰地制订并填写本次悬架的检查与更换的准备作业计划	5	
	能组织或协同工作小组成员,明确本次任务所需的仪器设备、工具、材料,并准备记录	5	
	能组织或协同工作小组成员进行交流,优化检查方案,并记录	5	
任务实施	能规范地进行作业前现场环境检查,并记录	4	
	能检查并规范穿戴个人防护用具,并记录	4	
	能规范进行前悬架的拆卸,并记录	5	
	能规范进行前悬架的安装,并记录	5	
	能规范进行后悬架的拆卸,并记录	5	
	能规范进行后悬架的安装,并记录	5	
	能规范进行减振器的检测,并记录	5	
	能规范进行螺旋弹簧的检测,并记录	5	
任务评价	通过本次任务实施,结合自己在实训过程中的表现,进行自我评价及自我反思,并记录	3	
职业素养	能按规定时间完成项目作业	3	
	能遵守实训室管理规定和劳动纪律	2	
	能积极参与课堂活动和回答问题	3	
	能按时出勤	2	
思政要求	爱岗敬业、尊重教师、团结同学,按文明生产规则进行操作,做好交流沟通,展示良好的工匠精神和职业素养	5	
总计		100	

续上表

改进建议：
教师签字： 日期：

学习活动4　四轮定位的检查与调整

 一、明确任务

根据任务描述,学生领取汽车维修任务后,通过阅读维修工单,明确任务要求,查阅维修手册,确定作业方案;然后在规定工期内对四轮定位进行检查与调整,使其恢复正常使用性能。

 二、工作准备与计划制订

(一)知识准备

1. 四轮定位的定义

汽车的四个车轮并不垂直于地面,要想保证汽车在行驶中的安全性与舒适性,必须考虑许多因素来确定车轮与地面的角度,即_____。简单来讲,四轮定位就是车轮与车身的安装关系。

当驾驶车辆时感到方向转向沉重、发抖、跑偏、不正、不归位或者发现轮胎单边磨损、波状磨损、块状磨损、偏磨等不正常磨损,以及驾驶时出现车感飘浮、颠簸、摇摆等现象时,或实施任何改变车轮定位角的作业之后,都应该进行四轮定位。

车轮定位正确与否将直接影响汽车行驶和制动时的方向稳定性,轮胎磨损会影响汽车的安全性、舒适性和经济性等。因此,车轮定位值的检测不仅对在用车十分必要,而且对新车定型和质量抽查也是必不可少的。

2.四轮定位的功用

(1)保持汽车直线行驶的稳定性。

(2)保证汽车转弯时转向轻便。

(3)使转向轮自动回正,减少轮胎磨损。

3.四轮定位仪的组成

四轮定位仪的基本组成包括主机、探杆、轮夹、轮夹挂架、转角盘、转向盘固定架、刹车板固定架等。

4.四轮定位的分类

四轮定位分为前轮定位和后轮定位。

1)前轮定位

前轮定位主要包括主销后倾(角)、主销内倾(角)、前轮外倾(角)、_____四个内容。

(1)主销后倾(角)。

①定义:当汽车水平停放时,在汽车的纵向平面内,主销的上部向后倾斜的角度称为_____,一般用 γ 表示,如图4-32所示。图4-32b)中,a 轴为主销轴,b 轴为与地面垂直的轴,Y 轴为在地面内与 X 轴垂直的轴,F_Y 为 Y 轴方向的受力。

②作用:转向轮在偶遇外力偏转时,形成_____,保证汽车直线行驶的稳定性,即在动态下转向轮有自动回正作用,且车速越大,回正力矩越大。但此力矩也不应过大,否则在转向时为了克服此力矩,驾驶员需在转向盘上施加较大的力(即所谓转向沉重)。

现在一般采用的 γ 不超过_____。现代高速汽车由于轮胎气压降低,弹性增加,稳定力矩增加,因此 γ 可以减小到接近于 0°,甚至为负值。

主销后倾(角)一般是由前轴、钢板弹簧和车架三者装配在一起时,前轴端面向后倾斜而形成的。

③保证:γ 通常由前悬架导向机构的布置予以保证。

(2)主销内倾(角)。

①定义:当汽车水平停放时,在汽车的横向垂面内,主销的上部向内倾斜的角度称为_____,一般用 β 表示,如图4-33所示。

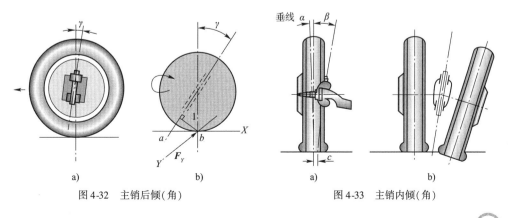

图4-32 主销后倾(角)　　　图4-33 主销内倾(角)

②作用:保证了汽车行驶的稳定性,并使转向轻便,使车轮自动回正。

β 越大,汽车前部抬起就越高,前轮的自动回正作用就越明显,但转动转向盘费力,转向轮的轮胎磨损增加。

β 一般控制在 $5°\sim8°$。

γ 和 β 都有使车轮自动回正、保持直线行驶位置的作用。但是_____与车速有关,_____几乎与车速无关。因此,汽车高速行驶时,主销后倾(角)的回正作用起主导地位,低速行驶时,主要靠主销内倾(角)起作用。

③保证:β 是在前轴设计中予以保证的。

(3)前轮外倾(角)。

①定义:在汽车的横向平面内,前轮中心平面与地面不垂直,而是向外倾斜一个角度 α,称为_____,如图 4-34 所示。

②作用:减少轮胎的偏磨损,减少轮毂外轴承及锁紧螺母的负荷,延长其使用寿命,与拱形路面相适应。

α 为 $1°$ 左右。由于轿车满载与空载时前轴的变形很小,所以 α 很小,甚至为 $0°$。

③保证:α 是在_____设计中予以保证的。

(4)前轮前束。

①定义:俯视车轮,汽车两个前轮的旋转平面不平行,而是前端距离 B 小于后端距离 A,这种现象称为_____。前束值一般用 A 与 B 的差值($A-B$)表示,如图 4-35 所示。

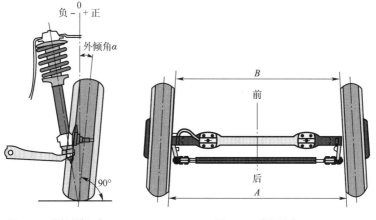

图 4-34　前轮外倾(角)　　图 4-35　前轮前束

②作用:抵消由于前轮外倾,车轮向外滚动的趋势,保证车轮沿直线方向纯滚动,防止车轮_____和减轻轮胎的磨损。

③保证:前轮前束可通过改变横拉杆的_____来调整。调整时,可根据各厂家规定的测量位置,使两轮前后距离差($A-B$)与前束值的规定相符合,一般前束值为_____。

2)后轮定位

后轮定位主要包括后轮推力角、车轮外倾(角)和后轮前束三个内容。

(1)后轮推力角。

后轮推力角是其走过的轨迹与汽车纵向中心线的_____。为了保持车辆的直线行驶,推力角应该为0°。假如推力角不为0°,车辆的后部将趋向于沿推力线的方向行驶,如图4-36所示。

通过调节后轮前束可以校正推力角。推力角是设定整车定位的基础,也可用作车辆诊断的辅助手段。

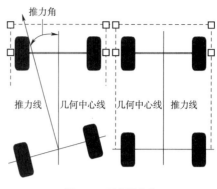

图4-36 后轮推力角

(2)后轮外倾(角)和后轮前束。

后轮外倾(角)和后轮前束的定义与前轮的类似。

后轮的负外倾角可以增加车轮接地点的跨度,增加汽车的横向稳定性。

后轮前束可以抵消汽车高速行驶且驱动力较大时车轮出现的_____(前张),以减小轮胎的磨损。

(二)制订工作方案

1. 任务分工(表4-19)

学生任务分配表　　　　　　　　　　　表4-19

班级		组号		指导老师	
组长		任务分工			
组员1		任务分工			
组员2		任务分工			
组员3		任务分工			
组员4		任务分工			
组员5		任务分工			
组员6		任务分工			

2. 工量具、仪器设备与耗材准备

(1)使用的工量具有:_____。

(2)使用的仪器设备有:_____。

(3)使用的耗材有:_____。

3. 具体方案描述

_____
_____

三、计划实施

(一)安全注意事项及技能要点

1. 安全注意事项

(1)不准赤脚或穿拖鞋、高跟鞋和裙子上课,留长发者要戴工作帽。

(2)上课时要集中精神,不准说笑、打闹。

(3)进入汽车实训场地后,未经老师批准,不得动用实训车上的各项设备。

(4)检查车辆悬架装置、车轮轴承、转向系统等有无不允许存在的间隙和损坏。

(5)严禁在设备电源插座上接插其他电器设备,以避免定位仪失准或受到损害。

(6)传感器连线在使用中和使用后要小心插接,并盘绕好,严禁猛力拔插抻拽,避免连线损坏。

(7)每次开启四轮定位仪计算机后,预热10min后才可进入操作。

(8)四轮定位仪的操作要严格按规定程序进行。

(9)四轮定位仪在安装、使用时,要防止重物撞击,做到轻拿轻放。

(10)轮胎平衡机在使用前必须先检查机体各部分润滑情况及通过电器部分的自检程序。

(11)轮胎装卸时,应防止碰撞平衡机体。

(12)轮胎平衡机开机前,必须检查底座及固定螺母是否锁紧,以防运转时轮胎脱出。

(13)轮胎平衡机开机前,应仔细清理轮胎花纹中嵌入的石子等异物,防止运转时飞出伤人。

(14)轮胎平衡机在运转过程中,不得用手或其他物品接触旋转部位,在轮胎旋转径向两侧均严禁站人,有保护罩时必须正确使用保护罩。

(15)轮胎平衡机在使用过程中,必须确认轮胎完全停止旋转后才能打开防护罩,完全停止转动后才能接触轮胎。

(16)在工作过程中,若发现异常,必须立刻停机检查,同时采取措施加以排除,否则禁止开机。

(17)镶嵌平衡块时,应确保其镶嵌牢固,镶嵌过程中要注意用力方向和力度,避免大力冲击主轴而造成主轴弯曲变形。

(18)设备长时间不用时,每周至少转动2次,开关柜内应放置并及时更换防潮材料,起动电动机前应从开关柜断开电缆,用500V摇表摇测接缘电阻,测量阻值小于500MΩ时,必须查明原因后,方允许开机。

(19)实习结束后,注意将仪器存放在指定地方,罩好工作台,整理清洁工具和场地。

2. 技能要点

(1)正确、规范地对四轮进行定位检查与调整。

(2)正确、规范地对车轮进行动平衡检测与校正。

(二)四轮定位的检查与调整及车轮动平衡的检测与校正

1. 四轮定位的检查与调整(表4-20)

四轮定位的检查与调整操作方法及说明　　　　　　　　　表4-20

步骤	操作方法及说明	质量标准及记录
四轮定位的检查与调整	车轮定位参数的检查与调整： (1)打开定位仪的2个开关，开关分别位于摄像机电源上和计算机操作控制台后侧，预热计算机，然后将车辆停到四轮定位仪上，并按要求将车辆的前轮准确地停在举升机转角盘上，转角盘的固定插销和后滑板的固定插销处于锁定状态。 (2)用车轮楔固定左后轮或右后轮，放下驻车制动杆，并使车辆变速器处于空挡状态。 (3)将目标盘夹具安装在车轮上，并检查固定情况，钩上保险钩，防止目标盘夹具脱落。 (4)在2个前轮上安装小目标盘，2个后轮上安装大目标盘，升起举升机到工作高度，并锁止举升机。 (5)点击计算机上"OK"键，进入车轮定位检测主页面。	□按规范步骤检查与调整 □正确使用定位仪，将车辆准确地停到四轮定位仪上 □按规范步骤拆卸 □注意钩上保险钩 □正确使用举升机

续上表

步骤	操作方法及说明	质量标准及记录
四轮定位的检查与调整	(6)鼠标点击运行智能化搜寻图标(四轮定位)。	□正确使用计算机
	(7)点击"OK"键,进入车型选择界面。	□正确使用计算机
	(8)根据页面提供的车型进行车型选择。	□正确使用计算机
	(9)选择车型后页面出现车辆四轮定位出厂规格表,点击"OK"键进入下一步。 (10)出现"用户数据"界面,根据页面提示填写用户信息,然后点击右下角的"OK"键。	□正确使用计算机

续上表

步骤	操作方法及说明	质量标准及记录
四轮定位的检查与调整	(11)出现"定位前检查"界面,根据页面提示进行检查,检查结束后,点击右下角的"OK"键。 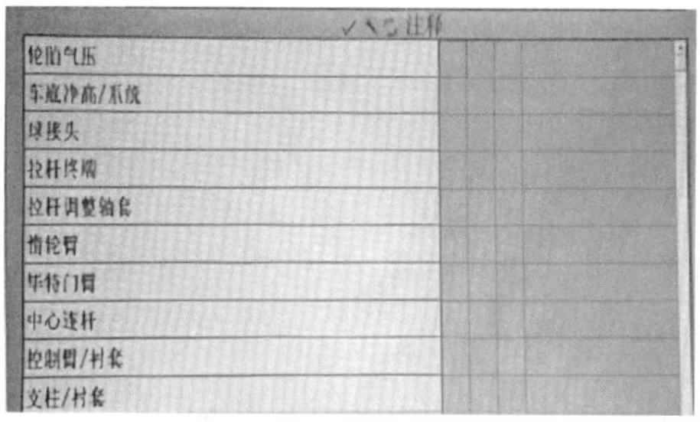	□正确使用计算机
	(12)进入四轮定位测量界面,点击镜头视域图标,检查目标盘是否在照相机的有效视域内。 	□正确使用计算机
	(13)目标盘所在位置符合要求时如下图左侧所示;不符合要求时如下图右侧所示,则应调整目标盘或调整举升机的高度。 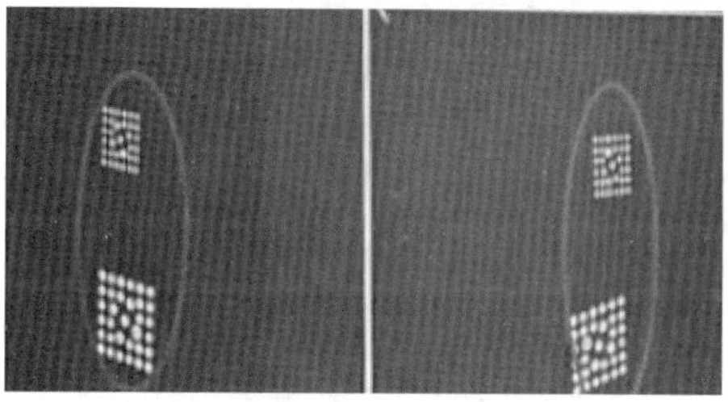	□正确使用计算机 □正确使用举升机
	(14)当页面出现向后的箭头时,可以开始推车,使车辆向后移动。 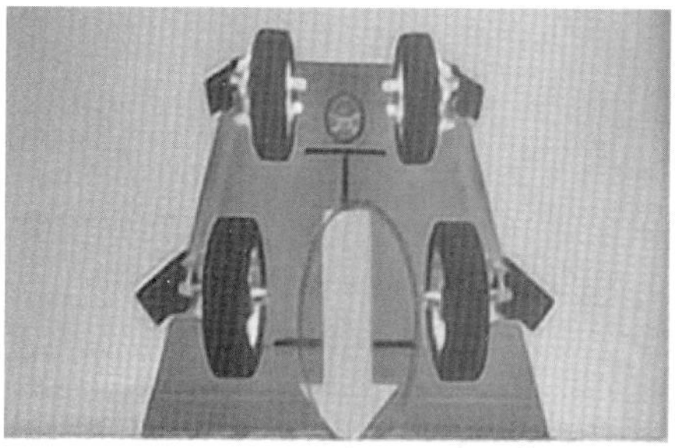	□正确使用计算机

续上表

步骤	操作方法及说明	质量标准及记录
四轮定位的检查与调整	(15)当页面出现图中标记时,垫上车轮楔,使车辆处于静止不动状态。 	□正确使用计算机
	(16)当页面出现向前的箭头时,可以开始推车,使车辆回到初始位置,等待片刻。 	□正确使用计算机
	(17)根据页面提示安装制动踏板下压器,确定转角盘插销已移去,松开后滑板。 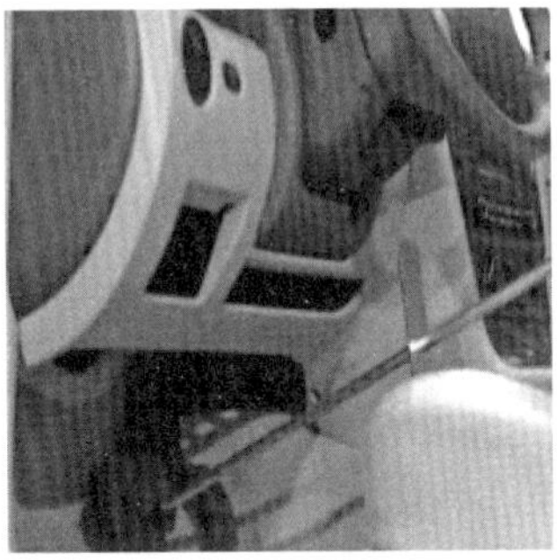	□正确使用计算机 □确定转角盘插销已移去,松开后滑板
	(18)测量主销后倾角时,先逆时针转动转向盘,随着车轮接近测量位置,光标球变为黄色,此时需放慢转动速度,当车轮到达正确位置时,光标球变为绿色。 	□正确使用计算机

续上表

步骤	操作方法及说明	质量标准及记录
四轮定位的检查与调整	(19) 以测量主销后倾角的相同方式测量转向前展角的最大转角。 (20) 顺时针转动转向盘,此操作页面显示的情况与逆时针转动转向盘相同。 (21) 当右侧最大转角状态条变为绿色时,逆时针转动转向盘,使方向回正。 (22) 根据页面提示向中心转动转向盘,直到仪表变为绿色。 (23) 页面显示所测数据,绿色数据表示正常,红色数据表示超出规定范围	□ 正确使用计算机 □ 正确使用计算机 □ 正确使用计算机 □ 正确使用计算机 □ 按照"8S"整理

2. 车轮动平衡的检测与校正(表4-21)

车轮动平衡的检测与校正操作方法及说明　　　　　表4-21

步骤	操作方法及说明	质量标准及记录
车轮动平衡的检测与校正	(1)清除被测车轮上的泥土、石子与旧平衡块。	□按规范步骤检测和校正 □正确使用一字螺丝刀清除石子
	(2)检测轮胎气压,气压必须达到规定值。	□按规范步骤检测
	(3)根据轮辋中心孔的大小选择锥体,仔细地装上车轮,用大螺距螺母上紧。	□注意保证车轮两边无晃动
	(4)打开轮胎平衡机开关,检查指示与控制装置面板是否指示正确。	□正确使用轮胎平衡机

续上表

步骤	操作方法及说明	质量标准及记录
车轮动平衡的检测与校正	(5）用专用卡尺测量轮辋宽度 L、轮辋直径 D，也可从胎侧读数。	□正确使用专用卡尺 □R 表示的不是半径，是子午线轮胎标识 □正确使用轮胎平衡机
	(6）用轮胎平衡机上的标尺测量轮辋边缘至机箱距离 A，再用键入或选择器旋钮对准测量器的方法，将 A、D、L 值键入指示与控制装置中。	□如果轮胎平衡机没有防护罩，在车轮运转前必须保证车轮的前、后方没有人，才可以按动"Start"启动按钮，以防止轮胎上的动平衡块飞出伤人 □车轮的不平衡量超过 5g 时，必须校正

续上表

步骤	操作方法及说明	质量标准及记录
车轮动平衡的检测与校正	(7)放下车轮防护罩，车轮旋转平衡测试开始，自动采集数据，车轮自动停转或听到"嘀"声后按下停止键。	□按规范步骤检测
	(8)从指示装置读取车轮内外不平衡量，抬起车轮防护罩，用手慢慢转动车辆，当指示装置发出指示时，停止转动。	□按规范步骤检测

续上表

步骤	操作方法及说明	质量标准及记录
车轮动平衡的检测与校正	(9) 在轮辋的内侧或外侧的上部分别加装指示装置显示该侧的平衡块质量，平衡块装卡要牢固，安装平衡块后有可能产生新的不平衡，此时需重新进行平衡检测，直到不平衡量小于 5g 为止。 (10) 关闭电源开关，取下车轮总成	□注意内、外侧平衡块的数量不能超过 3 个，否则应更换轮辋 □注意关闭开关，切断电源 □按照"8S"整理

四、评价反馈（表4-22）

评价表　　　　　　　　　　　　　　　　　表 4-22

评分项目	评分标准	分值(分)	得分(分)
学习目标	能明确本任务的知识目标、技能目标、素养目标，理解任务在工作中的重要程度	5	
工作任务分析	能清晰地描述本次工作任务的内容	2	
	能清晰地描述完成本次工作任务的必备技能与知识点	2	
有效信息获取	能查阅资料，准确填写本次实训车辆的基本信息	5	
	能识读整车检查维护单，准确填写整车外部检查的作业项目、作业内容	5	
	能查阅资料，填写汽车行驶跑偏的常见故障	5	
	能查阅资料，正确识别并填写四轮定位的问题类型	5	

续上表

评分项目	评分标准	分值(分)	得分(分)
实施方案制订	能清晰地制订并填写本次四轮定位的检查与调整的准备作业计划	5	
	能组织或协同工作小组成员,明确本次任务所需的仪器设备、工具、材料,并准备记录	5	
	能组织或协同工作小组成员进行交流,优化检查方案,并记录	5	
任务实施	能规范地进行作业前现场环境检查,并记录	5	
	能检查并规范穿戴个人防护用具,并记录	5	
	能规范进行四轮定位的检查,并记录	7.5	
	能规范进行四轮定位的调整,并记录	7.5	
	能规范进行车轮动平衡的检测,并记录	7.5	
	能规范进行车轮动平衡的校正,并记录	7.5	
任务评价	通过本次任务实施,结合自己在实训过程中的表现,进行自我评价及自我反思,并记录	3	
职业素养	能按规定时间完成项目作业	2	
	能遵守实训室管理规定和劳动纪律	2	
	能积极参与课堂活动和回答问题	2	
	能按时出勤	2	
思政要求	爱岗敬业、尊重教师、团结同学,按文明生产规则进行操作,做好交流沟通,展示良好的工匠精神和职业素养	5	
总计		100	

改进建议:

教师签字:
日期:

任务习题

1. 单选题

(1)汽车车架的结构形式主要有边梁式车架、中梁式车架、(　　)和承载式车架等几种形式。

　　A. 后梁式车架　　　　　　　　B. 下梁式车架
　　C. 综合式车架　　　　　　　　D. 前梁式车架

(2)前置前驱轿车的前桥属于( )。
　　A.转向桥　　　　B.驱动桥　　　　C.转向驱动桥　　　D.支持桥
(3)外胎的结构组成中不包括( )。
　　A.胎冠　　　　　B.胎侧　　　　　C.胎肩　　　　　　D.垫带
(4)车轮的( )用来安装轮胎。
　　A.轮毂　　　　　B.轮辐　　　　　C.轮辋　　　　　　D.安装凸缘
(5)关于减振器的工作过程,下列描述错误的是( )。
　　A.减振器的工作一共有伸展和压缩两个过程
　　B.减振器每个行程一般有两个阀参与工作
　　C.减振器内部是通过油液反复流经阻尼孔来进行减振的
　　D.减振器外壳发热时,车辆需停车冷却
(6)下列不属于悬架的导向机构的是( )。
　　A.横向稳定杆　　　　　　　　B.下控制臂
　　C.推力杆　　　　　　　　　　D.车轮球节
(7)主销内倾角的作用除了使转向操纵轻便外,另一作用是( )。
　　A.使车轮自动回正　　　　　　B.减少轮胎磨损
　　C.形成车轮回正的稳定力矩　　D.提高车轮工作的安全性
(8)前轮外倾角的作用除了提高前轮工作的安全性外,另一作用是( )。
　　A.使转向操纵轻便　　　　　　B.使车轮自动回正
　　C.减少轮胎偏磨损　　　　　　D.形成使车轮回正的稳定力矩

2. 判断题

(1)车架是整个汽车的安装基础。车架使发动机、变速器等保持正确的相对位置,并承受来自车上和地面的各种静、动载荷。　　　　　　　　　　　　( )
(2)整体式转向桥主要由前轴、转向节、主销等部分组成。　　　　　( )
(3)充气轮胎按胎体中帘线的排列方向不同,可分为子午线轮胎和并排线轮胎。
　　　　　　　　　　　　　　　　　　　　　　　　　　　　　　　( )
(4)轮胎将车辆的驱动力和制动力传至路面,从而控制起动、加速、减速、停车。
　　　　　　　　　　　　　　　　　　　　　　　　　　　　　　　( )
(5)钢板弹簧一般是用作非独立悬架汽车的弹性元件。　　　　　　　( )
(6)独立悬架汽车的非簧载质量比非独立悬架的大。　　　　　　　　( )
(7)主销内倾角的车轮自动回正作用与车速密切相关。　　　　　　　( )
(8)主销后倾角越大,车速越高,车轮偏转后回正的能力也越弱。　　( )

3. 实操练习题

请按规范拆装纯电动汽车后悬架。

附录
本教材配套数字资源列表

序号	资源名称	资源类型	所在页码
1	膜片弹簧离合器构造	动画	2
2	膜片弹簧离合器的工作原理	动画	3
3	两轴式手动变速器挡位分析	动画	14
4	三轴式手动变速器挡位分析	动画	16
5	同步器的结构原理	动画	16
6	手动变速器操纵机构	动画	17
7	安全装置	动画	19
8	自动变速器的分类	动画	32
9	液力变矩器结构认识	动画	32
10	自动变速器的拆卸及设备工具(1)	视频	35
11	自动变速器的拆卸及设备工具(2)	视频	35
12	自动变速器的拆卸及设备工具(3)	视频	35
13	自动变速器的拆卸及设备工具(4)	视频	35
14	自动变速器的装配及设备工具(K1 的装配)	视频	35
15	自动变速器的装配及设备工具(K1 的检测)	视频	35
16	自动变速器的装配及设备工具(K2 的装配)	视频	35
17	自动变速器的装配及设备工具(K2 的检测)	视频	35
18	自动变速器的装配及设备工具(K3 的装配)	视频	35
19	自动变速器的装配及设备工具(K3 的检测)	视频	35
20	自动变速器的装配及设备工具(B1 的装配)	视频	35
21	自动变速器的装配及设备工具(B2 的装配)	视频	35
22	自动变速器的装配及设备工具(B3 的装配)	视频	35
23	自动变速器的装配及设备工具(B1、B2、B3 的测量)	视频	35
24	自动变速器的装配及设备工具(组装机油泵)	视频	35

续上表

序号	资源名称	资源类型	所在页码
25	自动变速器的装配及设备工具(组装输入离合器总成)	视频	36
26	自动变速器的装配及设备工具[组装总成(1)]	视频	36
27	自动变速器的装配及设备工具[组装总成(2)]	视频	36
28	万向节	动画	51
29	传动轴组成	动画	52
30	蜗杆指销式转向器	动画	82
31	循环球式转向器	动画	83
32	齿轮齿条式转向器	动画	83
33	盘式制动器	动画	121
34	定钳盘式制动器	动画	121
35	浮钳盘式制动器	动画	122
36	制动系统的组成	动画	134
37	汽车制动液的更换	视频	138
38	ABS 与 ASR 组成与工作原理	动画	164
39	车架	动画	176
40	轮辋断面、轮胎结构及轮胎的规格标记	动画	188
41	汽车轮胎的拆卸	视频	195
42	汽车轮胎的检查	视频	195
43	汽车轮胎的装配	视频	195
44	利用轮胎拆卸机进行轮胎的拆卸	视频	195
45	利用轮胎拆卸机进行轮胎的装配	视频	195
46	悬架类型	动画	208
47	悬架的组成	视频	209
48	悬架系统的检查	视频	216

参 考 文 献

[1] 王家青,孟华霞,陆志琴.汽车底盘构造与维修[M].4版.北京:人民交通出版社股份有限公司,2021.

[2] 王健.汽车底盘结构与拆装[M].2版.北京:人民交通出版社股份有限公司,2021.

[3] 马才伏.汽车底盘构造与检修[M].北京:人民交通出版社股份有限公司,2020.

[4] 孙峰,蒋开正.汽车底盘机械系统的构造与检修[M].北京:中国农业大学出版社,2022.

[5] 李宪义.汽车底盘构造与维修[M].北京:人民交通出版社股份有限公司,2020.

[6] 黄照.汽车底盘构造与维修[M].北京:电子工业出版社,2021.

[7] 王锐,田争芳.汽车底盘机械系统构造与维修[M].天津:天津大学出版社,2023.

[8] 薛飞.汽车底盘构造与维修[M].天津:天津大学出版社,2022.

[9] 宫涛,刘福华.汽车底盘电控系统检修[M].北京:中国轻工业出版社,2021.

[10] 范冬梅,彭德豹,张树峰.汽车底盘构造与检修[M].北京:电子工业出版社,2021.